AF355925

BAGATELLES
MORALES.

BAGATELLES

MORALES.

. . . . ridentem dicere verum
Quid vetat ? . . . . Horat.

A LONDRES,

Et se trouvent à Paris,

Chez DUCHESNE, Libraire, rue S. Jacques,
au-dessous de la Fontaine S. Benoît,
au Temple du Goût.

MDCCLIV.

AVERTISSEMENT.

JE rassemble dans un vo-
lume des Pièces qui ont
déja paru sur des feuilles volantes. Celle qui se présente
la première est la seule qui ait
l'avantage de la nouveauté
sans avoir plus de corps que
ses sœurs, & je n'entreprens
pas de prouver au Public que
des Riens sont quelquefois

AVERTISSEMENT.

*des choses. Ce seroit bien ici
le cas d'implorer son indulgence : mais elle doit être
usée depuis que les Auteurs
la mettent à de si fréquentes
épreuves.* Quel parti prendre?
Je m'engage (foi d'Auteur)
à le dédommager par des Ouvrages très-utiles, dont voici
les titres : Dissertation sur
le vieux mot de *Patrie* &
la bonne façon de le pro-
noncer. Preuves démons-
tratives que le peuple est
composé d'hommes. Pro-
cédé sûr pour faire un Citoyen d'un Courtisan. Ma-

AVERTISSEMENT.

chine politique pour en-
grèner les vertus avec le
gouvernement d'un Etat.
Aurai-je aſſez fait ?

PIECES

Contenues dans ce Recueil.

BAGATELLES
MORALES.

LE SIÉCLE
PRESENT.

NTENDRAI-JE toujours déplorer la décadence du Siècle ? *Les Arts, les Sciences, le Goût, les Talens, les Vertus, tout s'affoiblit, tout tombe :* voilà ce qui se dit & s'im-

prime. Les étrangers ne nous croiront que trop sur notre parole. S'il n'y avoit que les vieillards qui fissent l'éloge du passé, on ne s'allarmeroit pas sur le présent, mais le cri devient général : *où sont ces Citoyens illustres, ces Génies en tout genre qui élevèrent la France au dessus des Nations ?* Toujours citer nos pères ! Nous les valons bien, nous valons mieux.

Voyés, me dit-on, dans la Capitale tous les monumens qui l'embellissent, à qui les doit-elle ? Et moi je dis : jettés les yeux sur les plans que nous formons : Hôtel de Ville qui changera sa barbarie gothique en beauté romaine, un Grenier public où l'Abondance & l'Architecture se donneront la main, des Salles de Spectacles mieux entendues & plus noblement construites, une Colonade où, à l'exemple d'Athènes, nous placerons les Statues de nos grands hommes, ce centre de la ville élargi & aligné, ces Fontaines décorées qui verseront leurs eaux dans de grands baffins, ces Quais continués qui iront chercher la Seine à l'autre extrémité de Paris, ces Ponts débaraffés de maifons, ce Boulevard pouffé au Midi pour enfermer la Ville dans un jardin continu. Voilà ce que nous pro-jettons depuis que nous occupons le théâtre ; & fuffions-nous encore le refte du fiècle à projetter ce ne feroit pas trop pour de fi grandes chofes. Le tems amènera tout & nous trouverons des Manfards & des Perraults, ils font trouvés, ils s'effayent tous les jours fur les Pa-lais de la finance, bien fupérieurs aux Hôtels des Princes dans le

A vj

dernier âge, donc l'Architecture publique aura la même supériorité.

Mais lorsque le génie de l'Architecture prenoit un si grand vol, la Peinture s'élevoit aussi haut. On a vû sous le même règne plus de trente Peintres d'une grande réputation.

Que veut-on dire ? Manquons-nous de Peintres ? Entrons dans le Sallon où l'on expose les Ouvrages de chaque année : que de Paftels ! Eh, qu'importent les Batailles d'Alexandre ou les Victoires de Louis XV, objets que nous connoissons assez ? Ne vaut-il pas mieux nous montrer des personnages grotefques & nouveaux ? On aime à deviner, on aime à rire : quel eft l'inconnu représenté dans ce Portrait ? Comment fe

nomme ce Boufon qui grimace ?
Voilà ce qui s'appelle tirer les
Citoyens de l'obfcurité. Qu'on ne
croie pas cependant que nous aban-
donnions l'Hiftoire, elle fe promè-
ne fur les équipages.

Cette envie de louer les Pères
aux dépens de leur poftérité, s'é-
tend à tout : *Corneille*, *Racine*,
Molière, *Quinaut*, *Lulli !* Voilà de
beaux noms, j'en conviens ; cependant il n'en eft pas moins vrai
que nous nous fommes ouvert fur
nos Théâtres des fources de plaifir
qu'ils ne connoiffoient pas, les
Contes de Fées mis en action, les
Comédies patétiques, les Feux
d'artifice, les Boufons lyriques,
les Marionettes même anoblies
pour le Boulevard. D'ailleurs ces
Pères du Théâtre étoient-ils de
vrais génies ? Copiftes de Sopho-

cle, d'Euripide, de Plaute, de Térence, Dramatiques très-surannés avec lesquels nous ne lions pas connoiſſance ; nous tirons tout de notre propre fonds & ce fonds eſt inépuiſable. Qu'on interroge le Sénat comique, il répond que ſon embarras eſt de régler les rangs entre les Auteurs qui ſe battent pour occuper la Scène.

Veut-on apprécier au juſte les talens du Théâtre ? Qu'on examine le degré de chaleur qu'ils répandent dans le public. *Le Prince de Salerne* a eu des repréſentations ſans nombre : *L'Oracle* ne finiſſoit pas & on le conjuroit de parler encore. Molière ne vit pas autant d'empreſſement pour le *Tartufe* & le *Miſantrope*. Lorſqu'*Epicaris* a voulu paroître, tous les bureaux d'eſprit, eſprits de qualité ſurtout, l'ont annoncé magnifiquement, la Ville & la Cour ont soupiré pour la voir, heureux qui a trouvé place ! On douta parmi nos pères si *Athalie* pourroit soutenir le grand jour. L'Opéra depuis Lulli a-t-il gagné ou perdu ? Il a gagné sans doute. Quel est ce trouble univerſel ! Tous les viſages changent, tous les yeux s'allument, toutes les voix s'élèvent, je n'entens qu'un cri … Avez-vous lû ? *C'eſt un cinique atrabilaire, un phrénétique, un furieux, un mcnſtre : ô terre ! ô ciel ! qu'il ſoit banni, qu'on le mette en pièces ….* Expliquez-vous, qu'a-t-il fait ? Je tremble pour la patrie… *Il a écrit que nous ne chantons pas bien ….* Rien ne marque tant la ſublimité des talens que cette ſenſibilité extrême, cet enthouſiaſme général.

Non, non ne craignons pas de rougir en rencontrant nos ayeux dans la carrière de l'efprit. Oppofons-leur avec fécurité nos Fabuliftes, nos Romanciers, nos Faifeurs de caractères, nos Satiriques, nos Orateurs, nos Savans. Point de détail, ni de difcuffions : elles ne font pas faites pour une nation qui penfe à la hâte. Mais il eft des règles fûres pour juger en gros entre deux générations. Il y a plus d'efprit, plus de lettres, plus d'érudition, plus de fcience dans celle où il fe trouve plus de Libraires, plus d'Ecoles publiques, plus d'Académies, plus de cercles de Savantes. Or tous ces magafins d'efprit ont doublé, triplé de nombre. Sous Louis XIV il étoit affez ordinaire que le fils du Laboureur cultivât la terre, que celui de l'Artifan ne connût que fes mains; aujourd'hui ils difputent de Religion, figurent au Barreau, ou prononcent aux Spectacles : nos terres & nos manufactures en fouffrent un peu, qu'importe ! L'efprit a gagné l'état. Il a fallu donner une Académie à chaque Province, bientôt chaque Bourgade aura la fienne. Lorfque la Reine des Académies appuya fon trône fur quarante colonnes, elle crut que ce petit nombre cadreroit avec tous les fiècles, elle ne prévoyoit pas la fécondité du nôtre, que d'apprentifs frappent à fa porte ! Elle avoit des idées qui n'étoient propres qu'à décourager les talens, elle difoit que l'éloquence devoit perfuader & toucher, la Poëfie inftruire & plaire : Combien d'Orateurs & de Poëtes n'oferent fe produire ? Ils ont vécu trop tôt. Nous leur apprendrons à se chamarer de figures, de métaphores, d'antithèses & d'agrémens de toute espèce, à persuader indépendamment des raisons, à plaire sans créer des idées. On se desabuse avec le tems : des imaginations gigantesques comparoient l'Eloquence à un torrent qui entraine tout avec grand bruit ; nos ruisseaux qui murmurent sous des fleurs ont bien d'autres charmes. La Poësie étoit un feu divin qui embrasoit les ames : nous avons laissé éteindre ce volcan terrible & nos Artificiers tirent des fusées sur le Parnasse. Il me semble voir *Bossuet* ou *Corneille* à l'ouvrage, quelle agitation ! Quel tourment ! Quelles convulsions ! L'âge d'or revient parmi nous, nous accouchons sans douleur,

notre profe coule doucement &
nos plus jeunes Poëtes font des
Vers de fang froid.

Lorfqu'on peut arriver par des
routes faciles, eft-ce un mérite
de s'embarraffer dans des fentiers
épineux? Etoit-il fort néceffaire
de diftinguer l'*imitation* du *plagiat*?
Boileau, pour s'approprier l'or
d'Horace ou de Juvenal le tiroit
de la mine & le travailloit : nous
le prenons tout fait. On eftimoit
des pédans qui pâliffoient fur Ho-
mère & Démofthène, nous nous
amufons quelquefois avec cette
antiquité devenue françoife fans
nous donner le pénible ridicule
d'être hériffé de grec. Cherchoit-
on une fcience? On fouilloit la-
borieufement dans les fources pour
l'embraffer toute entiére ; les Jour-
naux, les Dictionaires, les Alma-

nachs nous la donnent en décou-
pures, en prend qui veut & d'un
air defoccupé. Il n'y avoit alors
que les gens de qualité qui fçuffent
tout fans avoir rien appris : le privilège n'eft plus exclufif; on court
les bureaux d'efprit, les jolis fou-
pers, les fpectacles, & on eft étonné de fe trouver Auteur. On étoit
perfuadé que pour faire un Livre
il falloit avoir quelque chofe de
nouveau à dire, tous les jours nous
en voyons éclore qui étoient déja
nés. Cette furabondance de fcience reflue fur le fexe. Il n'écoute
plus, il parle, il differte, il pronon-
ce, il compofe.

Mais un mot décide. Qui donne
le prix des lettres & des fciences à
nos anciens ? *Le Public*, direz-vous.
Moi je m'en tiens au jugement des
gens du métier ; or les gens du

métier les Auteurs (excepté trois ou quatre qui tiennent au dernier âge & qui y reſſemblent trop pour n'être pas ſuſpects) tous ſe couronnent les uns les autres. Apprenons à juger d'après les vrais connoiſſeurs. En général l'eſprit de l'autre ſiècle manquoit d'une qualité eſſentielle : il n'étoit pas ſubtil, il ne ſaiſiſſoit que les grands traits, le nôtre s'attache aux petits ; nous diſſéquons les vertus, nous analyſons les ſentimens, nous fendrions un cheveu en quatre. On écrivoit & il ne falloit dans le Lecteur que du bon ſens pour comprendre ; la fineſſe eſt devenue néceſſaire, ſouvent l'Auteur ne s'entend pas lui-même, il ſe devine. On n'employoit la Métaphyſique que dans les diſputes d'Ecole : nous l'appliquons à d'autres uſages : elle peint les mœurs, elle se fâche ou s'attendrit dans les passions, elle embellit nos Comédies & nos Chansons.

Parmi les reproches qu'on nous fait, un seul me paroît mériter attention. On dit que nous mêlons les styles, que *la Fontaine* dans ses Fables étoit toujours naif, *Rousseau* dans ses Odes toujours sublime & que nous sommes sujets à détonner. Un Distillateur ordinaire fait des Liqueurs simples qui n'ont qu'un goût, un grand Artiste en compose qui ont tous les goûts. Ils étoient rares chez nos pères ces grands Distillateurs d'esprit, ils sont fréquens parmi nous : être *Bel Esprit* n'est plus une distinction.

Esprits vulgaires vous objectés que cette fièvre épidémique peut préjudicier au commerce, que

Carthage n'avoit point de Lycée,
Athènes point de Douane. L'une
& l'autre avoient tort. Le Commerce est le nerf de l'Etat, comme
l'Esprit en fait l'ornement : il s'agit
de les concilier & c'est ce qui nous
réussit. On croit nous fermer la
bouche quand on dit que nos pères
donnèrent naissance aux Draps
d'Abbeville & de Sedan, qu'ils
perfectionnèrent les Manufactures
de Soye, qu'ils coulèrent des Glaces plus belles & plus grandes que
celles de Venise, que nous leur
devons les Dentelles, les Tapisse-
ries des Gobelins, le Fer blanc,
l'Acier, la belle Porcelaine, qu'en
même tems on vit naître les Compagnies des deux Indes, que la
Mer fut couverte de Vaisseaux
marchands & que tout cela fut
exécuté en six ans : c'est quelque

chofe. Mais compte-t-on pour rien l'exercice d'un commerce plus noble & plus fructueux ? Les gens en place trafiquent de leur autorité, les grands de leur protection, le fexe de fes charmes, nos romanciers de leurs phrafes. Cette derniere branche eft plus confidérable qu'on ne penfe. On fait des balots d'efprit pour la Hollande, la Suiffe & l'Allemagne, on en fait auffi des pacotilles pour l'Amérique. Ce Commerce eft tout gain parce qu'on ne donne rien pour tirer beaucoup.

D'ailleurs ne fçait-on pas que l'induftrie augmente le commerce en élevant les chofes au-deffus de leur valeur ordinaire. Un diamant travaillé eft d'un autre prix qu'un diamant brut. Nous avons au moins doublé l'induftrie du fiècle paffé.

C'eft

C'eſt ſurtout dans le commerce intérieur du Royaume qu'elle ſe rend ſenſible :, tous les *Commeſtibles* ſe ſont tellement perfectionnés, que ſur nos tables une moitié vaut ce que valoit un tout, & au-delà. On n'avoit pas alors dans les caves publiques le ſecret de faire des vins de Bourgogne avec le raiſin d'Orléans, & même ſans raiſin. Une Compagnie célèbre a donné de ſi bons ordres pour améliorer le café & toutes les denrées orientales que nous lui paſſons 50 pour 100, au lieu de 10 qu'elle gagnoit autrefois. Tous les Arts, ceux qui nous habillent, ceux qui nous logent, ceux qui nous meublent ont multiplié leurs profits. Ce n'eſt plus la matiére qui coute, c'eſt la façon : qu'un Procureur écrive, qu'un Avocat plaide, qu'un Médecin faſſe une ordonnance, la matiére eſt la même qu'anciennement, mais la façon eſt d'un prix décuple. Nous avons de vieux citoyens qui ſe ſouviennent d'avoir été riches & qui ſe plaignent d'être pauvres ſans avoir perdu un ſol de leur revenu; c'eſt leur faute: pourquoi manquent-ils d'induſtrie au milieu d'une nation où il y en a tant? Il en eſt une qui ſe pré-ſente aux plus ſtupides & qui paſ-ſera ſans doute de la Capitale aux Provinces; cent louis prêtés dans un grand beſoin peuvent doubler en moins d'un an. Si cette eſpèce d'induſtrie manque aux gens de qualité faute de matiére première, en voici une autre. Vous avez be-ſoin, Marquis, d'une ſomme; ap-pellez un Marchand, achetez à ſon mot de la dorure, de la ſoyerie, du

faxe ; vendez enfuite à moitié perte, l'autre moitié vous refte, le
Marchand croit vous duper, il eft
votre dupe.

Il n'eft pas furprenant qu'avec
tant d'habileté nous foyons plus
riches que nos pères. Un Artifan
en bas de foye les eut étonné, une
Bourgeoife en diamans les eut fait
gémir, nos meubles valent mieux
que les maifons qu'ils nous ont
laiffées ; qu'un Financier eut bâti
un des Palais que nous voyons,
on l'auroit taxé ou dépouillé. Paris
n'avoit point d'équipages : le Roi,
fes Généraux & fes Miniftres allé-
rent à cheval à la conquête de la
Flandre : aujourd'hui, grace à notre opulence, il n'eft Commis des
Vivres qui ne fe rende à l'Armée
en chaife de pofte. On refpiroit
dans les Camps un air de fimpli-
cité qui ne donnoit pas grande

idée de la Nation. La table du grand Turenne étoit fervie en affiètes de fer, & le Marquis d'Humières fit une chofe extraordinaire lorfqu'à la tranchée devant Arras, il fit voir de la vaiffelle d'argent.

On ne connoiffoit l'or qu'en monnoye, il n'étoit employé qu'à établir des Manufactures, qu'à conftruire des Ports & des Flotes, qu'à élever des Monumens, qu'à circuler dans l'Etat. Nous le fixons, nous le travaillons pour la magnificence ; il fe transforme en cent petits meubles qui diftinguent la bonne compagnie ; il enrichit nos étoffes, il brille fur nos voitures & dans nos appartemens, il a même paffé aux anti-chambres ; un Laquais de l'autre fiècle qui auroit tiré une montre d'or, eut été arrêté comme un voleur.

Devenus plus riches, il eſt naturel que nous répandions davantage. Chez nos pères la beauté ſans fortune manquoit d'habit, chez nous elle eſt couverte de pierreries. Chez eux un cadet de famille étoit obligé de vivre d'une Lieutenance ; chez nous qu'il ſe faſſe connoître d'une Douairière ſurannée, le voilà dans l'abondance. Chez eux les gens de livrée, après avoir vieilli dans le ſervice, ſe croyoient heureux s'ils ſe retiroient avec un petit néceſſaire ; chez nous ils parviennent : le portier d'un homme en place aura un portier à ſon tour.

Nos avantages ſur eux ſe précipitent en foule au devant de ma plume. Leurs hommes d'Etat n'occupoient qu'une place & ils penſoient faire beaucoup s'ils l'a remplissoient bien. Leurs Evêques ne venoient que rarement se former à la Cour. Leurs Prédicateurs ne sçavoient pas orner l'Evangile. Leurs Médecins sans équipage n'avoient rien de joli dans le propos. Leurs Chirurgiens ne parloient pas latin. Les Dames titrées étoient maladroites à se fabriquer des graces & les Bourgeoises n'empruntoient d'elles que de faux agrémens, les Petits - Maîtres même avoient un air gauche. La nature étoit ingrate : le grand Condé *náquit* Général ; on s'étonna, il fut dans toutes les bouches. Nos petits Seigneurs *naissent* Capitaines & Colonels, à peine en parlons nous.

J'ai entendu cent fois vanter les *Talons*, les *Bignons*, les *Lamoignons*, les *Seguiers* : ils regardoient les Magiftratures comme des objets de la plus noble ambition : toute leur fortune n'étoit pas trop pour y monter. Notre âge eft plus avifé ; nous ne deftinons les grandes fommes qu'à l'acquifition des places de Finance : quand tout fera Financier le bonheur fera univerfel, nous y tendons. Mais enfin quelle fut la gloire de ces héros de Thémis ? On vit naître de leurs travaux le Code de la Marine, celui du Commerce, les Statuts pour les Manufactures, l'Ordonnance criminelle & civile ; ils réformérent les Loix. Encore un pas ils faifoient un très-grand mal, ils détruifoient la chicane : elle a bien augmenté de forces ; les détours du labyrinthe fe font multipliez fous notre génie ; l'art d'éternifer les procès eft trouvé, tout le monde le voit : mais ce que tous les yeux ne voyent pas, c'eſt que la chicane au degré où nous l'avons porté, eſt un bien, plus grand que la réformation des Loix. On ne guèrit efficacement les paſſions des hommes qu'en les tournant contre eux-mêmes. Les Citoyens comprendront enfin que deman-der juſtice, c'eſt ſe ruiner. On dit plus que jamais qu'il eſt plus ſage de ſe laiſſer dépouiller d'une partie que de perdre le tout : cent propos pareils qui annoncent le dégout des procès, on ne plaidera plus.

Ce n'eſt pas tout. Nous avons banni une foule de préjugés qui tourmentoient nos ayeux. Ils croyoient que la protection ne donnoit pas le mérite ; que pour être Marquis il étoit néceſſaire d'avoir un Marquiſat ; qu'avant

que de fe galoner il falloit avoir
des habits ; que les dettes du jeu
n'étoient pas les feules dettes
d'honneur ; que les offres de fer-
vice devoient fignifier quelque
chofe ; qu'un Citoyen n'époufoit
que pour lui ; qu'une Ducheffe
fe deshonoroit auffi facilement
qu'une Bourgeoife. Ils prenoient
au tragique cent chofes qui nous
amufent : la liberté réciproque
dans le lien conjugal, les inclinations d'arrangement, les conquêtes bruyantes des hommes à
bonnes fortunes, la profufion d'un
traitant, la moleffe d'un militaire,
la frivolité dans les grandes places,
le talent d'être méchant avec efprit, l'art de donner des ridicules,
les plaifanteries fur la religion.

Nous en avons de la Religion
plus qu'ils n'en avoient. Le Sage

dit que *la langue parle*, *de l'abondance du cœur*. La Religion n'eſt-
elle pas le ſujet de toutes les con-
verſations, le propos le plus à la
mode ? Il eſt à craindre qu'on ne
ſe rouille ſur les habits de goût,
les vernis, les boëtes émaillées ;
diſſertations vraiment intéreſſan-
tes pour un cercle. Les Filles de
Port - Royal parurent tout-à-fait
ſingulières lorſqu'elles commen-
tèrent le Catéchiſme ; aujourd'hui
Curés & Evêques ſont aux priſes
avec des Nones ou de riches Bour-
geoiſes qui leur développent, une
gazette à la main, le ſens de l'E-
criture & des Pères.

Il eſt tout ſimple qu'avec plus
de Religion nous ayons plus de
Vertu. Nos Pères avoient peut-
être plus de bonne foi dans le
Commerce, plus de vérité dans

l'amitié, plus de fidélité dans leurs promeſſes, plus d'entrailles pour les malheureux, plus d'amour pour le bien public; Vertus de paganiſme, diſent fort bien nos Prédicateurs; Vertus qu'admiroit Athènes & l'ancienne Rome. Mais nous avons plus de Vertus chrétiennes, ce ſont les ſeules bonnes. *Heureux ceux qui ſont doux & traitables!* dit l'Evangile: on nous croiroit pétris de cire & de miel? *Heureux ceux qui ont ſoif de la Juſtice!* Notre langue s'attache à notre palais à force de l'appeller. *Heureux les pauvres!* Nous faiſons mieux, nous endurons la faim ſur des tas de bled; & quoique pour l'honneur de la nation nous nous couvrions de ſoye, d'or & de pierreries, nous nous refuſons cent choſes plus néceſſaires. *Heureux ceux qui pleurent!*

Nous regardons tout autour de nous, & sortant de notre caractère national, nous oublions de chanter & de rire.

Il est une Vertu que tous les Fondateurs d'Ordres Religieux appellent à juste titre : *La Vertu des Anges*, c'est le célibat. Nos pères en connoissoient bien peu la sublimité. Colbert osa encourager le mariage & il fut généralement applaudi : on exempta de la Taille pour cinq ans les gens de campagne qui s'établiroient à 20 ans & pour toujours un père de famille qui auroit dix enfans. Nous avons abrogé ce règlement profane. Si nos Laboureurs se marient encore, c'est en moindre nombre, & ils craignent de multiplier. Cet amour du célibat fait encore plus de progrès dans les villes. On y voit quantité de vierges de 30 ans & de garçons de 50. On ne marie que les aînés de peur que la Nation ne périsse tout-à-fait ; encore faut-il qu'ils ayent un nom à soutenir ou quelque maniment de deniers publics.

Enfin plus j'accumule nos avantages, plus j'en découvre, & je ne finis que parce qu'on finit même de louer un *Crésus* à sa table. Si j'osois dire que nos Pères avoient de plus belles perruques, des habits plus élégans, des meubles plus recherchés, des équipages plus lestes, une danse plus legère, un meilleur ton de complimens, on me lapideroit. Il y a mille bouches & autant de plumes qui publient que leur Architecture étoit plus noble, leur Pinceau plus fort, leur Eloquence plus mâle, leur Poësie plus naturelle, leur Commerce plus floriſſant, leurs entrepriſes plus vaſtes, leur génie plus élevé, leurs héros plus grands ; & on n'interdit pas le feu & l'eau à ces mauvais Citoyens qui nous arrachent nos Lauriers pour en couronner des ombres qui ne s'en ſoucient pas.

DÉCOUVERTE

DE

LA PIERRE

PHILOSOPHALE.

L y a un mois que je balance ; travaillerai-je à perfectioner les *Pantins* ou à mettre la France à son aise ? Après avoir bien pesé ces deux grands objets ; le dernier m'a paru mériter la préférence : cette Capitale ne sera peut être pas de mon avis ; mais je demande la permission d'être singulier.

La guerre malgré les reſſources de cet empire, nous appauvrit par cette Règle d'arithmétique, que plus on ôte, moins il reſte; & le pain du peuple ſe trouve en proportion du plus au moins avec les villes que nous prenons. Tel qui, avant la priſe d'Ipres, en mangeoit deux livres par jour, n'en mange plus qu'une : & ſi les grands en ont encore à diſcrétion, il eſt écrit ſur le livre du Boulanger. Les impôts extraordinaires ſont des maux néceſſaires quand il faut acheter de la poudre à canon : & je ſuis bien perſuadé que le grand Monarque qui nous gouverne, s'il pouvoit ſans impôts gagner des batailles, acheteroit encore à ce prix le titre *de Bien-Aimé*. Cela ne ſe peut en tout : mais en partie & ſingulièrement ſans *dixiéme*. Comment cela ? En taxant nos vices au lieu de taxer nos biens. J'entre en matiére.

Je ſuppoſe que le dixiéme mette dans les coffres du Roi cent millions de livres par an : je force la meſure afin d'éviter les chicanes. Il eſt queſtion de trouver cette ſomme dans le tréſor de nos vices. Heureuſement il eſt ſurabondant. Je n'en ſoumets que ſix à la taxe, qui étant ou plus répandus ou plus ordinaires aux riches, fourniront plus d'argent. Les voici. Le Parjure, la Médiſance, le Larcin de l'honneur, l'Infidélité conjugale, les Dettes, les petites Maiſons.

Taxe du Parjure.

Pour ôter toute équivoque, définiſſons clairement le parjure. Nous entendons un menſonge confirmé par ſerment, ſoit devant un Magiſtrat, ou derriere un comptoir, dans les offres de service, ou devant deux beaux yeux. Examinons quelle somme peut sortir de cette infirmité. Qu'il y ait seulement cent quarante mille personnes qui y succombent une fois chaque jour. La supposition doit paroître modeste, si l'on considere qu'il y a plus de douze millions d'habitans dans ce vaste Royaume, & encore plus modeste si l'on fait attention à la grande utilité du Parjure dans le commerce de la vie, dans toutes sortes de trafic, dans les procès, dans les promesses obligeantes qu'on ne tient pas, dans les conquêtes amoureuses que l'on médite. A sept sols six deniers chaque Parjure, est-ce trop? Il me semble que non. Quand pour sept sols six deniers on peut gagner un procès, faire périr son ennemi, doubler son commerce, acquérir la réputation d'homme obligeant, vaincre une cruelle, c'est un argent avantageusement placé. Reprenons. Cent quarante mille personnes payant sept sols six deniers, donnent la somme de trente-cinq mille livres pour un jour. Par conséquent le produit de cette taxe pour un an, est de dix-neuf millions deux cens quinze mille livres.

Taxe de la Médisance.

Il faut de toute nécessité que dans cette Nation il y ait une moitié toute bonne & l'autre toute mauvaise ; puisqu'une moitié est toute occupée à médire de l'autre. Il y a plus. Il faut encore que la moitié qui étoit bonne hier soit mauvaise aujourd'hui, puisque celle dont on médisoit hier, est

aujourd'hui la *moitié* médisante.
C'est un prodige : mais on ne dispute pas des faits. Voilà un fonds
abondant pour le trésor public.
En effet à supposer seulement un
million de Médisances par jour de
la pointe de la Bretagne jusqu'au
Rhin, & de la Flandre jusqu'à la
Méditeranée, à trois sols chaque
Médisance. Un jour donne cent
cinquante mille livres, & un an
donne cinquante-quatre millions
neuf cens mille livres.

Cependant, pour marquer au
beau sexe l'attention qui lui est
dûe, n'en exigeons que la moitié
de la taxe, & même accordons
lui chaque jour vingt Médisances
gratuites : si les hommes se plaignent de cette inégalité, qu'ils
considèrent que la Médisance est
un talent qui n'est point naturel
à notre sexe ; mais un art acquis

& forcé dont tous les actes font par conséquent bien volontaires, & par la même, felon la plus faine Théologie, bien coupables. Au lieu que la nature a placé dans la langue féminine un reffort toujours agiffant, plus prompt que la penfée, un nerf extrêmement fenfible qui treffaillit au moindre défaut du prochain. Qu'ils confidérent encore que fi on taxoit les Dames dans toute la rigueur, ce feroit peut être les comdamner à un filence perpétuel. Quelle mélancolie fe répandroit fur tout le Royaume ?

Ainfi en faveur de cette raifonable diminution. Réduifons le produit annuel de la taxe à moitié. Refte encore vingt-fept millions quatre cens cinquante mille livres.

Taxe du Larcin de l'Honneur.

Il s'agit dans cette taxe de cette efpéce d'honneur que notre fexe vole à l'autre malgré fon extrême vigilance, de cet honneur qui fe conferve communément après être perdu, & qui renaît pour être encore volé ; de cet honneur enfin qui eft plus précieux avant qu'il foit engagé qu'après. Je le prens ici avant tout engagement. L'infidélité dans le mariage mérite bien une taxe à part.

Je crois fans exagérer que dans une Nation où il y a tant de voleurs & point de verroux, il fe fait bien cent mille vols en 24 heures, jour ou nuit. Voilà donc cent mille coupables fujets à la taxe. Que chaque vol foit taxé à vingt fols, je vois cent mille livres entrer chaque jour dans les coffres du Roi. Ce qui produit la fomme de trente-fix millions fix cens mille livres par an.

Taxe de l'Infidélité conjugale.

Dans une Nation où il y a douze millions d'habitans, il y a environ trois millions de Mariages. Parmi tant de Mariages on peut compter dix mille jeunes Femmes unies à de vieux Maris, dix autres mille dont les Maris ont des Maîtreffes, la vengeance eft douce ; cinq mille Affociées à des Maris bourus, & enfin cent mille Femmes aimables répandues dans les Villes à Garnifon, ou à portée des Collèges, des Chapitres & des Abbayes. Que de ce nombre total qui nous préfente cent vingt-cinq mille Fem-mes dont la vertu eft en fouffrance, il forte feulement cinquante mille Infidélités chaque femaine pour le bien public, à une livre dix fols l'Infidélité. Cette taxe produira par an trois millions neuf cens mille livres.

On fera peut être furpris de ce que dans un fi grand Royaume où les Maris font fi traitables, nous réduifons les Infidélités à un fi petit nombre, d'autant plus que Boileau de fon tems ne comptoit que quatre Femmes fidéles dans cette Ville immenfe : mais au Parnaffe on ne fe pique pas de calcul.

D'ailleurs, je crois à propos d'exempter de cette taxe la bonne Ville de Paris pour deux raifons. La premiere eft qu'il paroît jufte de favorifer les étrangers qui y apportent leur argent ; cet impôt pourroit rendre les Femmes moins obligeantes.

obligeantes. La seconde eſt que la Capitale donnant ordinairement le ton à l'Etat, il eſt bon qu'elle ne ſoit point gênée dans ſes leçons, afin que le reſte du Royaume en les pratiquant rende davantage au tréſor public.

L'on n'entend pas ſoumettre à cette taxe les Femmes qui auront une notable difformité, une boſſe, par exemple, des yeux chaſſieux, une maigreur frappante, &c. ni celles qui parlant à leur miroir conviendront de bonne foi de leur laideur, ni enfin celles qui auront paſſé cinquante ans. Quant aux hommes on exempte ceux qui auront atteint ſoixante & dix ans.

Taxe ſur les Débiteurs.

Avoir des dettes en France eſt un titre de nobleſſe, & même de

C

grandeur. Le Sacriſtain d'une Cathédrale avec cent piſtoles d'appointement, a encore un louis le 31 Décembre qui ne doit rien à perſonne : mais ſon Evêque qui a depuis dix ans cinquante mille livres attachées à ſa Mitre, devroit encore ſes Bulles ſi Rome faiſoit crédit. Un Bourgeois avec deux mille écus de rente éleve ſix enfans ; vis-à-vis de lui loge un grand Seigneur, qui n'en a qu'un, avec cent mille écus, & il doit à tous les Métiers. C'eſt un privilège des grandes Conditions. J'en bénis le Ciel, cet impôt ne chargera pas le peuple.

Cela étant, comptons les Grandeurs, les Excellences, les Eminences, tous les Monſeigneurs & généralement tous ceux qui occupent des places élevées dans la Monarchie. N'en portons le nom-

bre qu'à deux cent mille. Suppo-
fons favorablement qu'il n'y en ait
qu'une moitié chargée de dettes,
voilà cent mille Débiteurs. Taxons
les à dix fols par jour feulement,
pour les faire fouvenir de leurs
créanciers. Un an donne la fomme
de dix-huit millions trois cent mille
livres.

Il paroît raifonable d'exempter
de cette taxe ceux qui n'auront que
des dettes du jeu, & ceux qui donnent tous les ans dix mille livres
aux pauvres.

Taxe fur les petites Maifons.

Voici encore une efpece de taxe
qui ne tombe point fur le peuple,
elle eft donc bien dans les principes de l'humanité. Pour avoir
une grande Maifon il ne faut que
trente mille livres de rente. Mais
C ij

pour en avoir une petite il en faut cent mille, à bon marché faire. C'eſt ordinairement un azile de plaiſir & d'abondance. N'eſt-il pas juſte d'y prendre quelque choſe pour le bien public ? De compte fait il entre dans une petite Maiſon douze Agréables & quatre Femmes par ſemaine, ou la même Femme quatre fois. Le Propriétaire payera une livre par Homme, & trois livres par Femme, n'y entrât-elle que pour faire des nœuds.

Ainſi cinq cent petites Maiſons à vingt-quatre livres par ſemaine, donneront ſix cent vingt-quatre mille livres pour un an.

Les jours où le Propriétaire ira ſouper dans ſa petite Maiſon, avec ſa Femme, ſes Enfans ou ſon Curé, ne ſeront pas ſujets à la taxe.

Jettons à préſent un coup d'œil ſur le produit de ces différentes taxes, & voyons ſi elles peuvent remplacer le dixiéme.

Produit	du Parjure	19215000
	de la Médiſance	27450000
	du Larcin de l'honneur	36600000
	de l'Infidélité conjugale	3900000
	des Dettes	18300000
	des petites Maiſons	624000

Total. Cent ſix millions quatre-vingt-neuf mille livres   106089000

Le produit du dixiéme n'étant que de cent millions, ci   100000000

Voilà un excédent de ſix millions quatre-vingt-neuf mille livres, qui ſera deſtiné à payer les Officiers qu'on employera dans la nouvelle ferme.

On me demandera peut-être les moyens de lever ces taxes. Ce ſeroit chaſſer ſur les terres des Fermiers Généraux. Il me ſuffit de leur avoir montré le Liévre, je laisse à leur industrie le soin de l'attraper. S'ils le manquent, je ne refuserai pas mes conseils. Qu'il me soit seulement permis d'ajoûter deux mots pour faire mieux sentir l'utilité de ce grand projet.

Je ne l'ai d'abord présenté que comme un fonds propre à supprimer le dixiéme en le remplaçant, comme une ressource en tems de guerre ; mais on s'appercevra aisément que la taxe des vices peut tenir lieu de tout impôt, paix ou guerre. En effet, six vices seulement nous donnant plus de cent millions, combien nous donneront vingt ? Combien nous donneront trente, qu'on pourroit encore taxer, & taxer avec moins de modération ? Que sera-ce encore si on veut imposer nos ridicules ? Je n'offre qu'une esquisse, d'autres

feront le tableau. Un nouvel avantage, c'eſt qu'en taxant les vices,
au lieu de taxer les biens, il n'y
aura perſonne de taxé, que ceux
qui voudront bien l'être. Ce qu'on
paye volontairement, on ne croit
pas le payer. Enfin un dernier avantage, c'eſt que généralement parlant, le peuple ne payera qu'*un* ou
zéro, tandis que les riches paye-
ront *mille*.

Il ne ſe préſente qu'une objec-
tion raiſonable, la voici : ſi la taxe
ſur les vices venoit à corriger la
nation, à répandre la vertu dans
tous ſes membres, que devien-
droient les fonds publics? Je ré-
ponds que cela n'arrivera jamais,
parce que j'aurois plus fait que
Moïſe, le Meſſie, l'Evangile &
les Apôtres.

Je finis en proteſtant à toute la
France que je ne demande pas un

ſol pour la mettre à ſon aiſe, pas ſeulement l'exemption de la taxe. Trop heureux ſi j'ai ſervi ma patrie. Je renonce même à la gloire flateuſe de l'invention. C'eſt le Docteur Swift qui enfanta ce grand Projet, qui le propoſa aux Anglois: mais, ou ils manquérent de lumieres ou d'amour pour le bien public. Le François a les deux en abondance.

Je demande à préſent ſi une ſource d'argent toujours coulante n'eſt pas la vraie Pierre Philoſophale ?

L'ANNÉE

MERVEILLEUSE.

N a beau dire, l'Aſtrolo-
gie eſt une vraie ſcience.
L'Univers en ſera con-
vaincu par la merveille
des merveilles. Les hommes ſeront
changez en femmes, & les femmes
en hommes. Ce ſera le premier
Août de l'année courante qu'arrivera cette étonnante métamor-
phoſe, jour de la conjonction de
cinq Planètes qui ſe cherchent dès
la naiſſance du monde, ſans avoir
pu encore ſe rencontrer.

C v

Les Anciens ont prévû ce grand événement, ils ont été fiflés, les rieurs vont être pour eux. L'Egypte l'avoit gravé fur un Obélifque en caractères hiéroglifliques : *Un Forgeron donnoit fon marteau à une femme, & la femme lui tendoit fa quenouille.* Thalès de Millet, qui avoit connoiffance de cet hiéroglife, après y avoir appliqué les Calculs Aftronomiques, s'écrie : *Les hommes fileront donc & les femmes forgeront.* Anaximandre perfuadé par fon orgueil, qu'un homme étoit plus qu'une femme, exprime cette transformation en Termes Algébriques : *Alors,* dit-il, *la quantité négative fera changée en quantité pofitive, le moins en plus & le plus en moins.* Le divin Platon ne fe contente pas d'annoncer ce prodige, il en décrit encore les préludes : *La nature,* ce font fes paroles, commencera son ouvrage par la partie la plus difficile, avant de changer les corps, elle changera les idées & les inclinations.

Ouvrons les yeux, suivons la nature, & nous appercevrons les progrès qu'elle a déja faits. Ne voyons-nous pas que le goût de la parure se perfectionne dans les hommes ? Autrefois les Dames étoient seules à leur toilette ; aujourd'hui le Magistrat quitte *Bartole*, le Guerrier *Polybe*, l'Abbé les *Docteurs de la Loi* pour y voler. Respectons la nature : c'est un avant-goût de leur prochaine transformation qui les mène ; ils vont à l'Ecole, & ils professent déja avec distinction dans les cercles : paroli aux rubans, aux pompons, aux aigrettes, à toutes les modes. Ils vont plus loin, ils exercent cet art avec une patience qui m'impatienta beaucoup l'autre jour : j'avois à parler à un Juge de 25 ans, je voulois du particulier, on l'habilloit, il me convint d'essuyer tout le spectacle qui consomma plus de tems qu'il n'en falloit pour rapporter mon affaire, je crus qu'il étoit assigné chez une Duchesse pour faire assaut de frisure & d'odeurs. Un Parfumeur m'assure qu'il débite de l'eau de miel, de l'ambre, de la poudre à la maréchale autant pour homme que pour femme. Les hommes se flattent-ils d'être hommes encore longtems ?

Ne voyons-nous pas que la minutie les amuse, que la minauderie leur devient naturelle, que la tracasserie les gagne, que le caprice s'empare de leur être ? Nous poussons jusqu'aux vapeurs : je tirai dernierement mon flacon pour un

Seigneur à qui son Intendant ren-
doit des comptes, & si toutes ces
altérations ne se montrent pas encore si sensiblement dans les hommes du peuple, c'est que ces masses
grossiéres ne sont pas si dociles au
cizeau de la nature. Le tems amenera tout.

Que désormais notre surprise
cesse donc en voyant des indivi-
dus mâles en boucles d'oreilles
faire de la tapisserie, donner audience dans leur lit à midi, inter-
rompre un discours sérieux pour
converser avec un chien, parler à
leur propre figure dans une glace,
caresser leurs dentelles, être furieux
pour un mâgot brisé, tomber en
syncope sur un perroquet malade,
dérober enfin à l'autre sexe toutes
ses graces. Une puissance supé-
rieure l'a voulu ; les goûts sont
changés, & comment ne le se-

roient-ils pas, puisque les idées le font, puisque les facultés de l'ame font attaquées.

On ne peut plus le dissimuler. Le bon sens dans les hommes tourne en saillies, la mémoire en magazin de menus propos, l'imagination en feu d'artifice : ils parlent, ils écrivent si légérement qu'ils semblent n'avoir rien écrit, ni rien dit ; ou s'ils disent, ils disent trop. Ce qui n'est qu'un peu difforme, est *à faire horreur*, ce qui est médiocrement bon est *délicieux* : ce qui n'est qu'ébauché est *du dernier parfait*, en bien ou en mal ils escaladent tous les superlatifs ; ils sont *enchantés, comblés, furieux* sur des choses qui n'auroient pas causé la moindre émotion dans leurs ayeux, mais seulement dans leurs ayeules.

Critiques impitoyables en qui la nature n'a peut-être pas encore tant

avancé fon ouvrage, ne croyez pas
vous fouftraire à fon pouvoir : il
eft jufte qu'elle commence par les
importans de l'efpéce : fupportons
nos frères, bientôt nous leur ref-
femblerons, nous ferons femmes,
& par contre-coup les femmes fe
changeront en hommes. Nous en
voyons aufli des fymptômes trop
évidens pour nous refufer à cette
créance.

Trois chofes furtout avoient
paru diftinguer notre fexe du leur :
Parler peu, penfer beaucoup & dominer.
Ces attributs ont paffé aux femmes.
Elles parlent moins : dernièrement
dans un cercle j'en comptai fix qui
ne deffererent les lèvres que pour
rire, tandis que deux élégants Marquis pirouettant de l'une à l'autre
compofoient un dictionaire; on re-
marquoit pourtant à leurs difcours
qu'ils n'avoient pas l'âge de raifon,

que feront-ils quand leurs organes auront plus de confiſtance ? L'Egliſe, on ne le croiroit pas, eſt un lieu qui met la langue en mouvement, puiſqu'on y voit communement les Cavaliers avoir cent choſes à ſe dire, les Dames s'y taiſent ; mais ce ſont les maris principalement qu'il faut conſulter en cette matiére : ils conviennent aſſez généralement que, hors les occaſions de demander & de quereller, leurs moitiés n'ont rien à leur dire ; & dans les compagnies on s'apperçoit qu'elles gardent le ſilence, à moins qu'il ne faille corriger les défauts du prochain.

Si elles parlent moins, elles penſent davantage. Les hommes étoient en poſſeſſion de juger les Livres ; aujourd'hui c'eſt au tribunal des femmes qu'ils prennent de la valeur ; ou tout au moins la ju-

rifdiction eſt partagée, ce ne ſeroit rien : elles ſont auteurs, la
Poëſie légere n'eſt plus qu'un jeu
de leur premiere jeuneſſe ; elles
ont embouché la trompette de
Milton, elles laiſſent aux hommes
la fabrique des Romans pour donner des modèles de Lettres & des
Annecdotes ſur l'Hiſtoire : elles
ont même forcé le Sanctuaire des
Sciences, eſt-on encore étonné de
les voir la Sphére dans une main
& le Compas dans l'autre, meſurer
ou arranger le monde, de les voir
anatomiſer l'ame ou fouiller dans
le ſein de la matiére pour y trouver
des *Monades* & accréditer *Leibnitz* ?
Si elles nous parlent Grace, Pré-
deſtination, ſi elles commentent
S. *Auguſtin* : un Moliniſte de mau-
vaiſe humeur nous dit que c'eſt
l'eſprit infernal qui les guide : qu'eſt-
il beſoin de recourir à un inconnu ?

Il parleroit juſte en diſant que c'eſt l'eſprit de l'homme qui s'empare de la femme. D'ailleurs leur jugement devient ſi ſolide que la plûpart des emplois & des dignités ſe diſtribuent à leur gré, excellente qualité pour les mener à la domination.

Elles dominent en effet, il eſt de notoriété que nos jeunes gens ne font que des pendules où les femmes marquent les heures, celles du jeu, du ſpectacle, de la promenade, des grands & des petits ſoupés ; l'âge mûr ne ſe ſouſtrait pas à cet empire, ni l'importance des emplois : une fille de ſeize ans dit à un homme de quarante, au lieu d'examiner dans votre cabinet, ſi ce malheureux conſervera ſa fortune ou la perdra, regardez-moi tous les jours pendant pluſieurs heures, il la regarde : aimez-moi

plus que votre femme, il y con-
fent : ruinez-vous pour moi, il fe
ruine : les Autels & le Notaire
avoient femblé affurer aux maris
la domination ; la nature franchit
la barriére, & donne aux femmes
le premier rôle. On va voir *Ma-*
dame , faire la partie de *Madame* ,
dîner avec *Madame* , *Madame* eſt
fervie, le mari peut s'abfenter, c'eſt
un perfonnage qu'on double aifément.

Cet empire domeſtique les conduit par degrés au gouvernement
des états. La nature a bien fçu ce
qu'elle faifoit en infpirant aux lé-
giſlateurs en vûe de la grande métamorphofe de faire tomber les
couronnes en quenouille ; le fexe
occupe déja deux Trônes en Europe : par les loix , ſi les con-
jonctures s'étoient trouvées, il en
occuperoit ſix, & une fage Répu-

blique vient tout recemment de lui déferer le Stathouderat, aussi les Dames ignorent-elles aujourd'hui les détails de ménage : ont-elles tort si la nature les éleve au-dessus d'elles-mêmes ?

On peut ajoûter un quatriéme distinctif qui a passé également aux femmes. L'homme n'a jamais voulu être gêné dans ses amours, ou les loix lui ont permis plusieurs femmes, ou il se les permet lui-même. Les femmes au contraire attachées à un seul mari, s'y tenoient assez fidélement, mais en approchant de leur transformation elles ont élargi leur cœur & étendu leur liberté.

Voilà donc les idées & les inclinations changées dans les deux sexes, le plus fort est fait, il a fallu du tems ; mais le changement des corps sera l'affaire d'un moment;

Je me trompe peut-être, car des connoisseurs prétendent que la nature a déja frappé les premiers coups. Il est évident, disent-ils, que la constitution de l'homme s'affoiblit : ses pieds n'ont plus de force, il passe sa vie sur un lit, dans un fauteuil, ou dans un carosse : encore est-il souvent excédé. S'il en est nombre qui marchent encore, on sent bien que c'est un parti violent arraché par l'infortune, les riches ne marchent plus ; aussi a-t-on abandonné la paume, le mail & tous les jeux qui demandoient des pieds & des bras. On ne peut plus supporter le vin, la mesure de nos Pères est retranchée de moitié, il faudra taxer l'eau ; on devient également incapable des nourritures solides, heureusement les Cuisiniers ont imaginé des sublimés de viande, & des

crêmes, encore deux repas fur-
chargent-ils. Rien de fi commun
que d'entendre dire à des vieillards
de 20 ans qu'ils font ufés, & ils
n'ont rien fait : ils font réduits à
payer des mains pour les habiller.
Avec tant de foibleffe, comment
partir pour la Guerre ? Le remede
eft trouvé, on court la pofte entre
deux draps.

Il y a longtems que cette foibleffe travaille à dépeupler la terre.
Qu'on life l'Hiftoire, on ne trouve
pas la cinquantiéme partie des habitans qui y étoient du tems de
Céfar : & fi la fécondité fe perd,
ce qu'on remarque furtout dans
les premieres familles où à peine
compte-t-on un héritier, n'eft-ce
pas parce que la nature dans la
crife où elle fe trouve aujourd'hui,
devient équivoque ? Il fuffit pour
fes vûes qu'il y ait encore des

moitiés & des quarts d'hommes.
Enfin foit qu'on examine en nous
le genre nerveux, qu'on nous mefure ou qu'on nous pefe, on trouve
bien du déchet d'âge en âge, & fi
les anciens Gaulois revivoient,
ils demanderoient à l'étiquette de
nos vifages, *pourquoi nous portons
barbe* : il leur feroit aifé de nous
faire ce mauvais compliment, ils
étoient éloignés de plus de dix fiècles de la grande métamorphofe,
& nous y touchons.

Mais à mefure qu'un fexe s'affoiblit, l'autre prend des forces. Qu'on
le nomme encore *le beau fexe* : Ado-
nis de la nation ce n'eft pas la peine
de lui difputer ce titre pour le peu
de tems qui lui refte à en jouir :
mais qu'on ne le nomme plus *le fexe
foible*. La Champagne convient que
fon commerce eft plus foutenu aujourd'hui par les femmes que par

les hommes; ce vin petillant ne mouſſe que pour elles. Les liqueurs qui ont plus de force, trouvent leur eſtomac encore plus fort. Menez-les d'un feſtin à un Bal, elles percent la nuit dans un mouvement perpétuel; un robuſte artiſan en feroit anéanti. Elles ſentent ſi bien la force qui croît en elles qu'elles ont quité la défenſive, elles attaquent. Il eſt vrai que ce courage mâle n'a encore gagné que le haut & le bas étage: mais lorſque le feu eſt au premier & au cinquiéme, le milieu de l'édifice n'eſt pas loin de l'embraſement. Et je ne ſçais ſi, en ôtant l'enduit de couleurs qu'elles s'appliquent, nous n'appercevrions pas des ſignes de force ſur leur viſage, leur peau s'épaiſſir, leurs traits groſſir & la barbe germer. N'eſt-ce point l'envie de cette découverte qui engage tous ces gens

à

à lunettes à les obſerver ſi curieu-
ſement dans les Speᶜtacles ? Les
nuances ſe frapperont, laiſſons
faire la nature. Si les ames ſont
changées les corps ne réſiſteront
pas à ſon aᶜtion victorieuſe : je le
repete; le premier Août, les femmes
demanderont des chapeaux & les
hommes des cornettes.

Gardons-nous de rire lorſque
nous verrons une Bourgeoiſe plai-
der au Châtelet, & ſon Mari monter une garniture; une Femme de
l'ancienne Robe prononcer des
Arrêts, & un Préſident faire des
nœuds; une Comteſſe donner un
Mandement, & un Prélat en couche; une Ducheſſe au Conclave,
& un Cardinal demander le ta-
bouret.

Apprenez, rieurs imprudens, que
la nature ne fait rien de ridicule :
& voici de quoi vous donner du

D

sérieux mêlé d'une joye respectueu-
se; apprenez qu'elle se sert de cette
transformation pour rendre la liberté & la tranquillité à l'espece
humaine. Aux grands maux les
grands remedes; il y a sur la terre
environ quatre millions de Héros
dont les uns mangent cinq sols par
jour, les autres cinq louis pour
mettre tout en confusion : le fer
à la main & roulant du canon devant eux, ils se rendent maîtres de
notre liberté, de nos fortunes &
de nos vies. Enfans de violence
votre regne est passé, vous deman-
derez bientôt des quenouilles & les
femmes, quoique revêtues de votre
sexe, ne ceindront pas vos épées;
car il faut remarquer avec tous les
Philosophes que la nature, malgré
l'étendue de son pouvoir, ne peut
pas changer les essences. Or il est
évident que l'essence de la femme

eſt la douceur, ſes autres qualités peuvent bien s'altérer dans le creuſet de la nature : mais l'antipathie pour l'arme à feu, pour l'arme blanche, pour tout ce qui peut tuer ou bleſſer, la douceur en un mot en ſortira ſans altération. C'eſt un caractériſtique, c'eſt un immuable, le ſexe malgré ſa tranſmutation ſe ſouviendra toujours avec complaiſance qu'il fut fait pour multiplier & non pour détruire.

Delà on peut annoncer la paix générale & perpétuelle, d'autant plus que ſi par une ſingularité contre nature il ſe trouvoit ſur le trône un de ces nouveaux hommes qui fut enclin à la guerre, que pourroit-il avec une armée de moutons? Un Souverain qui eſt aimé, le doit à lui-même : mais il n'eſt à craindre que par la force de ſes ſujets. Qu'on ne m'objecte pas les Amazones : l'Hiſtoire ne convient pas du fait, & au pis aller, c'eſt un Phénoméne qui n'a plus reparu, tant il étoit contre le ſyſtême général.

Cette guerre qui déſole l'Europe touche donc à ſa fin. Que d'équipages perdus, que de mouvemens inutiles pour la campagne prochaine ? Peut-être le cas d'une bataille tombant juſtement au premier Août, on verra deux armées qui la veille étoient ſi formidables, jetter leurs armes pour courir plus légerement aux *Toiles de Hollande, aux Perſes & aux Mouſſelines.* Ruſſiens qui marchés depuis trois ans, c'eſt bien la peine d'arriver préciſément pour acheter des jupes.

Ce n'eſt pas tout. La grande transformation n'influera pas ſeulement ſur la paix des nations : mais encore ſur le repos des familles. Les nouveaux hommes auront pour leurs femmes l'indulgence qu'ils demandoient dans leur premier état. Ils leurs pafferont la paffion des dentelles, la fureur des diamans, la coqueterie, l'ennui qu'infpire un mari, les fantaifies, les maladies de commande & tant de bagatelles qui troublent la paix des ménages. Ils n'affecteront point la fupériorité qui les bleffoit tant. Tout fera dans l'ordre. Que diroit ce Docteur Allemand, s'il vivoit? Qui ofa imprimer un Livre avec ce titre : *De l'Excellence de la Femme fur les autres animaux?* Le fot! Il feroit le Loup de la Fable. Que diroit Mahomet? Excluroit-il encore les Femmes du Paradis? Le Prophéte s'occuperoit fans doute à refondre l'Alcoran.

Mais j'entens les incrédules du fiécle, s'écrier malgré l'Aftrologie & la parole de la nature : comment s'attendre à ce prodige? Comment le croire? Il n'en feroit pas un s'il étoit cru aifément. Combien d'é-venemens que la feule expérience peut perfuader? S'attendoit-on qu'une Ville immenfe en pleine guerre & en pleins impôts, s'amu-feroit fix mois d'un *petit homme de cartes?* S'attendoit-on à la décou-verte de la *Pierre Philofophale?* S'at-tendoit-on à une *Stahoudereffe?* S'at-tendoit-on enfin qu'un Jéfuite er-reroit, & pour comble, qu'il fe retraéteroit avec l'humilité de fon état? Tous les fiècles fentiront le bienfait ineffable de l'Année Mer-veilleufe.

LA MAGIE

DÉMONTRÉE.

UE fais-tu, Ben-Jofué?
N'oublies-tu point un
Rabin qui t'a élevé, &
un Ami qui te porte dans
fon cœur? Que tu es heureux de
vivre dans cette Ifle Inconnue où
nos Pères chercherent un azile contre la perfécution des *Nazaréens.*
Ne crains pas que j'en révele ni le
nom, ni la fituation. Je me fou-
viens du terrible ferment qui nous
lie. Le Ciel permettra fans doute

D iiij

que les profanes en ignorent à
jamais le chemin : c'est l'unique
moyen de conserver nos loix &
notre bonheur. Plus je voyage,
plus je bénis notre sort. Je t'ai
écrit d'Espagne où j'aurois mieux
aimé passer pour assassin que d'être
reconnu Juif. Me voilà dans la Capitale de l'Empire François. Croi-
rois-tu qu'elle est peuplée de *Magiciens* ? J'étois persuadé que ceux
qui combattirent contre Moïse,
n'avoient point laissé de succes-
seurs. Ceux-ci ne se mêlent pas des
affaires du Ciel : ils employent les
Diables pour leur fortune & pour
leurs plaisirs.

Conçois-tu, par exemple, qu'un
homme en douze lunes puisse manger cinq cent bœufs & huit mille
moutons ? Que n'étois-tu dernierement avec ton Ami dans une promenade publique ! Tu t'en serois
convaincu.

Un Citoyen richement vêtu, l'é-
pée au côté, un diamant au doigt,
jouant avec une boëte d'or, d'où
il refpiroit une poudre inconnue
dans notre Ifle, vint prendre place
auprès de moi. Vous êtes fans doute, lui dis-je, un Grand de la Nation? *Et vous, vous êtes bien étranger,
me répondit-il : je me contente de
fervir un Grand, je fuis fon Maître
d'Hôtel, c'eft-à-dire, chargé de pourvoir à fa table.* Vous n'avez donc
guères à faire, répris-je, car il faut
peu de chofe pour vivre. *Peu de
chofe! s'écria-t-il? Sçavez-vous qu'en
rendant mes comptes de l'année derniere, il fe trouva que Monfeigneur
avoit mangé cent mille écus.* Prends
la plume, Ben-Jofué (tu connois
par le change les monoyes de l'Europe) fouftrais cent mille livres
pour le pain, le vin, les liqueurs
& le fruit : tu trouveras que ce

Grand a dévoré en si peu de tems ce nombre prodigieux de bœufs & de moutons ; ou s'il a vêcu de volaille & de gibier, on est effrayé du calcul. Oh ! certainement cela n'est pas naturel. Si un enfant de *Noé* avoit eu cet appétit dans l'*Arche*, penses-tu que la terre auroit pu se repeupler d'animaux ? Avant de quitter mon homme, je lui fis encore deux questions : vrai-semblablement votre Maître est unique dans son espèce ? *Point du tout*, me dit-il ; *il n'est pas le vingtié-me en cette Ville ; & s'il se contentoit de cent mille livres pour sa table, il ne seroit pas le centiéme.* Mais leurs re-venus peuvent-ils suffire à cette faim surnaturelle ? *Qu'importe, ceux des autres y suppléent.*

J'ai appris depuis que les Créan-ciers ne peuvent rompre un en-chantement qui les pousse à prêter

toujours & qui les arrête dans les
antichambres quand ils vont pour
recevoir. Te dire, en quoi confif-
te ce fortilège, cela me paffe ; à
moins que ce ne foit dans certains
rubans bleus ou rouges, ou dans
l'image du Soleil que les Grands
portent fur leurs habits.

Il eft ici une autre efpèce d'hommes qui font les finges des Grands,
& ils pouffent fi loin l'imitation que
fouvent ils les furpaffent. Ils étoient
nés avec un petit eftomach qui s'é-
largit prodigieufement à mefure
qu'ils manient les deniers publics.
Il faut qu'ils foient plus magiciens
que les vrais Grands ; car en mangeant autant qu'eux, loin de devoir, ils ont toujours de quoi prêter. J'ai oui parler d'une piéce vo-
lante qui revient toujours à fon
maître, je les foupçonne de l'a-
voir. Ils n'égalent pourtant pas les

Grands en tout, pas même la noblesse.

Ne vas pas t'imaginer qu'on entende ici par noblesse ce qu'on entend dans notre Isle, *la vertu & les talens.* Je ne sçais si tu me comprendras : c'est un mérite qui coule avec le sang quelque gâté qu'il soit. Parmi cette Noblesse il y a des *Comtes,* des *Marquis & des Ducs.* Tremble, Ben-Josué, ces noms font magiques. A-t-on besoin d'un Héros, d'un Pontife ou d'un Ambassadeur ? On les prend dans les familles qui portent ces noms-là : & aussitôt les voilà revêtus de toutes les qualités nécessaires à leurs emplois, sans doute ; car cette nation est trop éclairée pour se laisser commander & enseigner par des gens sans capacité, ou pour leur confier ses plus grands intérêts. Que dis-tu de cette capacité qui vient de la combinaison des lettres ? Verrois-tu fans étonnement un Guerrier de quinze ans mener au combat des Capitaines de foixante, qui feroient des *Gédéons,* fi avec beaucoup de bleffures, d'application & d'expérience ils portoient un autre nom. Eft-ce-là du naturel ?

Dans l'ordre des Juges l'enchantement eft auffi fort. Un fils hérite des lumières ainfi que de la Charge de fon père. Cet adolefcent a végeté vingt ans ; le jeu, les fpectacles, des habits, des chiens, une maîtreffe ont rempli toutes fes heures. Le père meurt ou fe démet : le bambin eft Juge. Il connoît à l'inftant tous les principes du Droit écrit, toutes les Loix, les Coutumes & la Jurifprudence. Si cela n'étoit pas, comment décideroit-il de la fortune, de l'honneur & de la vie de ses Concitoyens? Que penses-tu de cet héritage de science? Le trouves-tu dans la nature?

Je sens néanmoins une contradiction aussi surprenante que l'enchantement même. La magie forme un Juge dans un moment: mais elle ne peut pas faire un Avocat, du moins ne l'a-t-on pas vû jusqu'à présent. Cet homme fait pour parler, tandis que le Juge écoute, n'y réussit, comme dans notre Isle, qu'à force d'étude, de méditation & d'exercice. Ce n'est pas même la seule espèce exceptée. Il est des Sociétés de Gens de Lettres sous le nom de Collège, d'Université ou d'Académie sur lesquelles l'enchantement n'a pas plus de prise. Je ne vois pourtant pas pourquoi dans ces quatre espèces on n'hériteroit pas de la place & de la fcience, puifque cela arrive dans la magiftrature. On peut tout efpérer du tems. Il viendra peut-être un Magicien fupérieur à tous ceux qui vivent, qui opérera ce prodige.

Je t'ai parlé des Grands, la Magie les fert bien. Comme ils ne peuvent être grands qu'aux dépens du peuple, elle perfuade au peuple que l'efprit, le cœur, l'air, le langage, les connoiffances, en un mot que tout dans les Grands eft auffi grand que le nom. Elle va plus loin, elle lui ôte le fentiment de fes plus chers intérêts, elle lui démontre que les poiffons, les oifeaux, les animaux des forêts n'appartiennent pas à ceux qui les prennent ; qu'il doit labourer, fémer, recueillir & n'avoir rien dans fes greniers. Auffi dans un Etat qui fe glorifie d'être le plus riche de l'Europe & dans la Ville la plus riche de l'Etat, je trouve à chaque pas des Citoyens qui me demandent du pain & qui pourfuivent leurs frères jufques dans les Temples.

Je ne fais fi c'eft pour fe vanger que le peuple exerce à fon tour la Magie fur l'efprit des Grands. Parmi ce peuple il en eft qui font occupez à les fervir dans leurs maifons : chargez d'emplettes ils difent à leurs Maîtres que 30 font 60, & les Maîtres le croyent. D'autres leur fourniffent des marchandifes qui fe doublent, ou s'allongent au moment qu'on les livre; mais qui fe fimplifient ou fe racourciffent au moment qu'on les employe : par ce moyen elles fe trouvent payées deux fois. Il leur en arrive autant pour les fruits qu'on leur apporte de la campagne : que dis-je ? Un légume qui vaut huit sols la mesure lorsqu'il est bon, le rustique Magicien dit à Monseigneur qu'il vaut cent livres dans un tems où il est mauvais, & on en donne le prix. Au reste j'ignore quelle récompense donnent les Grands à l'Esclave qui garde leur porte : elle doit être considérable ; car il a le secret de les rendre invisibles. Dans notre Isle, qu'un Citoyen vienne nous voir par amitié, par honneur, ou par besoin, il nous trouve toujours dans nos maisons quand nous y sommes : ici ce garde porte fait que l'on n'est pas où l'on est.

Tu vois que le peuple à son tour ne réussit pas mal en magie : mais ce qui t'étonnera peut-être encore plus, c'est qu'on voit sortir de son sein de jeunes Danseuses & Chanteuses qui persuadent aux Grands

& aux Riches que l'or & les diaমans font l'unique preuve de l'amour ; que plus elles partagent leurs faveurs (fût-ce aux Efclaves mêmes de leurs Amans) plus elles font précieufes ; qu'elles font en droit d'être aimées fans aimer, & qu'il faut recevoir d'une ame égale ce qu'elles donnent, poifon ou plaifir. De quel philtre fe fervent-elles pour former de pareils attachemens ?

Ne te laffe point de me fuivre, tu verras de la magie par tout. Tu t'es recrié fur l'incroyable voracité des Grands. Croiras-tu à préfent qu'on puiffe vivre fans manger ? C'eft ce qui arrive ici à des fociétés nombreufes, qui, pour plaire à Dieu, font vœu d'être inutiles aux hommes. Ces troupeaux d'élûs font fans fonds, fans induftrie ; l'état ne leur affigne aucune fubfiftance ; ils vivent pourtant, & font auffi gras que ceux qui mangent. Si la mâne pouvoit tomber pour une Nation profane, je croirois qu'elle tombe dans leurs retraites.

Cette Nation nous a copié en bien des chofes. Elle a des Lévites, des Rabins & des Grands-Prêtres. Il y a dans cette Capitale un Rabin qui bâtit un Temple en faifant courir tous les mois des morceaux de papier qui ont la figure d'un quarré long : ce font, n'en doute pas, des *Talifmans*. Pour les Grands-Prêtres portant Thiare, on en compte autant que de Synagogues particulières. Chacun aime la fienne comme un tendre époux aime une époufe accomplie : ils ont bien raifon, car ils trouvent l'honneur, le repos & l'abondance dans leur mariage. Cependant admire la force d'un charme qui les pourfuit !

toujours pouſſés vers leurs épouſes par le feu dont ils ſont conſumés, & tous les chemins étant ouverts, ils ſont repouſſez ſans ceſſe dans la Capitale par une Puiſſance inviſible. Quel tourment ! on dit qu'un Magicien peut ôter le ſort qu'un autre a jetté. Que les Grands-Prêtres n'en cherchent-ils un qui leur rende ce ſervice dans une Ville où il y en a tant !

J'ignore ſi les Provinces ont leurs Magiciens ; mais dans chacune on a coutume d'en envoyer un, que le vulgaire met au-deſſus des Grands, parce qu'il en craint beaucoup de mal : il l'appelle *Monſeigneur*. Ce perſonnage redoutable s'empare des vents & des nuées ; il tient dans ſes mains la ſtérilité & l'abondance ; il eſt ſujet à l'humeur : le peuple prie ſans ceſſe qu'il n'en ait pas.

C'eſt un terrible fleau lorſque les Magiciens ont l'humeur malfaiſante : écoute, & bénis le Ciel de ce qu'il n'en eſt pas parmi nous. Dans notre Iſle un mari trouve ſouvent dans ſon épouſe plus d'agrément qu'elle n'en a ; cela eſt tout ſimple, il l'aime. Ici une femme perd tous les ſiens aux yeux de ſon mari deux mois après le mariage. Envain toute la Ville, avec tous les miroirs, dit-elle à *Monſieur*, que *Madame* eſt toujours charmante : Une Fée lui a apparu, l'a touché, & l'a convaincu que cela eſt faux. La femme piquée s'adreſſe au premier enchanteur qui ſe préſente, & compoſe avec lui un ſigne ineffaçable qui ſe place ſur la tête du mari, & ce ſigne, ſans être apperçu (comprend moi ſi tu peux) ſignifie à tout le monde qu'elle eſt vengée.

Parmi nous un pere & une mere chériffent leurs enfans : ils leur partagent également leurs terres & leurs troupeaux. S'ils mettent quelquefois de l'inégalité, c'eft en faveur de ceux qui ont moins de fanté ou moins de talens. Ici pour donner tout à un feul, on enferme les autres dans des prifons perpétuelles, où ils jeûnent, & fe fouettent périodiquement, & pour furcroit, au milieu de tant de peines, on les oblige à chanter. Mais que ne peut la magie fur les peres & les meres ? Cet enfant adoré auquel ils ont immolé tous les autres, ils l'envoyent à la guerre pour fe faire tuer. Tu ne connois la guerre que par fpéculation, puiffe-t'elle ne jamais fe montrer dans notre patrie !

A propos de guerre, cette nation affiégeoit l'an paffé une Ville ex-

trêmement forte ; c'étoit le boulevard d'une République voisine où
la victoire s'étoit arrété plus d'une
fois. Tout annonçoit sa sureté,
ouvrages, soldats, artillerie. Deux
Armées, l'une de terre, l'autre de
mer, la rafraîchissoient à volonté.
Les habitans ordinairement plus
sensibles aux besoins de la vie qu'à
une belle défense qui les ruine,
ne daignerent sauver ni leur blé
ni leur bourse, ayant plus d'une
porte libre & hors d'insulte. Le
Gouverneur que la Renommée
célébroit, rioit sur ses remparts.
Malheureusement trop Philosophe
il ne croyoit pas à la magie. Qu'ar-
rive-t-il ? Un beau matin les Assié-
geans, on ne sçait comment, se
trouvent dans la Place. Toutes les
défenses étoient charmées, les mines, les canons, les épées & les
Soldats qui furent bienheureux de

ce que le charme ne defcendit pas jufqu'à leurs pieds. Pour le Gouverneur, il auroit été pris fi le charme, un peu plus fort, eut feulement prolongé de fix minutes fon fommeil plus que létargique. Laiffons la guerre, elle détruit les hommes, parlons de ce qui les conferve.

Dans notre Ifle la nature fournit aux meres deux fources de lait pour nourrir leurs enfans ; elles s'en font un plaifir comme un devoir. Ici le lait tarit dans les meres trois jours après l'enfantement. Heureufement le maléfice n'a pas encore attaqué les femmes qui habitent la campagne. Si cela arrive, c'en eft fait de ce peuple.

Il faut affurément que les femmes de cette Nation ayent déplû à quelque grand Magicien. Dans la fanté la plus fleurie, au milieu

de

de la converſation la plus enjouée,
qu'il ſurvienne un tiers qu'on n'attendoit pas; voilà une femme qui
n'a plus que des penſées confuſes,
qui perd la parole, qui eſt ſuffo-
quée. On n'appelle pas les Médecins qui ne ſçachant comment trai-
ter cette maladie mortelle, dont on
ne meurt pas, ſe contentent de la
nommer *Vapeurs*. C'eſt, n'en douto
pas, un ſort jetté ſur le ſexe. J'étois
l'autre jour dans une maiſon où une
femme demandoit à ſon mari quelques toiſes d'un linge percé de mille
trous: le marchand qui avoit étalé,
en auroit livré cent. Le mari refuſa.
Auſſitôt cette infortunée porta la
main à ſon front : *Quelle douleur in-
ſupportable !* dit-elle, il fallut la mettre au lit. Je maudis mille fois en
moi-même la dureté du mari. Peut-
être ce linge qu'elle vouloit placer
ſur ſa tête, & autour de ſes bras,

E

auroît conjuré le fort. On m'affure qu'autrefois , comme dans notre Ifle, les femmes avoient de la taille ; aujourd'hui elles ont quatorze pieds de circonférence fous deux de bufte. Tu connois les proportions , Ben-Jofué, admirerois - tu tant la belle Judith , fi elle avoit plus de tour que d'élevation ? Mais la nature ici ne fe reconnoît plus. La magie a tout bouleverfé. Elles ont une poudre dont les effets font furprenans ; les vieilles fe rajeuniffent, & les jeunes fe vieilliffent. Le rouge de la nature, tu le fçais, & tu le vois, a des nuances différentes. Ici c'eft un rouge ardent & uniforme qui colore tous les vifages. On croit trouver cinquante femmes dans une affemblée, & on n'en voit qu'une.

Il eft de jeunes hommes, & quelquefois des vieux qu'on oblige à porter des talons où est imprimée une couche de cette poudre : je ne sçais quelle influence maligne elle répand sur eux. Sont-il en voiture ? On juge à la rapidité de leurs chevaux qu'ils ont toujours envie de se précipiter : on les laisseroit faire si la vie du peuple étoit en sureté sur leur passage. Je les croyois d'abord chargés de toutes les affaires de la ville, car ils sont partout ; on m'assure pourtant qu'ils ne font rien. On leur voit des pieds ; mais on cherche leur tête. On prétend que leur existence ne passe pas leur chaussure & leurs vêtemens. Tu vois que ce ne sont que des phantômes qui jouent l'humanité.

Je n'imaginois pas t'écrire une Lettre si longue ; mais la magie coule avec mon encre. Parmi nous qu'un Citoyen ait injurié ou frap-

pé fon frere, ce qui arrive rarement, on le prive de la fociété,
jufqu'au repentir qui arrive toujours ; & il rentre dans fes droits,
lorfque l'outragé demande fa grace. Nous ne nous avifons pas de
penfer que le crime d'un infolent
nous deshonore. Reconnois en
tout la force des enchantemens
qui gouvernent les François. Ils
font perfuadés généralement que
l'innocent eft flétri, tandis que le
coupable conferve tout fon honneur ; & pour que l'innocent foit
lavé, il faut qu'il tue ou qu'il foit
tué.

Je ne finirois point fi je voulois
te détailler tous les prodiges qui
frappent mes yeux chaque jour.
La magie affaifonne tout. Les
fpectacles languiroient fans elle.
Le premier où je me fuis trouvé

montroit un homme qui haïffoit tous les hommes, parce qu'il les croyoit tous faux & méchans. Je fus extrêmement amufé du ridicule qu'il répandoit fur le vice ; j'imagine que les autres s'amufoient auffi, mais il falloit le deviner. Cette piece fut fuivie d'une autre en racourci. Tout à coup les Spectateurs crurent de moitié : l'empreffement entroit avec eux : j'en pris ma part fans fçavoir pourquoi : la fcène s'ouvrit. Parut une jeune Princeffe élevée dans un Palais où elle étoit fervie & amufée par des Statues : une Magicienne en frappa trois, & auffitôt l'une danfa au fon des inftrumens dont jouoient les deux autres : on applaudiffoit à tout rompre. Pour moi je quittai la place où j'étois moulu.

E iij

On me parla d'un autre fpec-
tacle tranfplanté d'Italie : mais du-
rant quinze jours je ne vis que de
la magie fur l'affiche ? *Le Combat
Magique*, *Coraline Magicienne*, *Coraline Efprit Follet*, *la Sylphide*, *les
Métamorphofes*. Toute la Ville y
couroit. Enfin on annonça, *Arle-
quin Sauvage*, je courus à mon
tour dans l'efpérance de voir du
naturel, je ne fus pas trompé. Ce
Sauvage reffembloit aux habitans
de notre Ifle : ne connoiffant que
l'égalité, la juftice, l'humanité &
la bonne foi, il étoit bien Sauvage
pour ce Pays-ci. Que ne puis-je
te rendre toutes les bonnes chofes
qu'il débita, & le fel qui les affai-
fonnoit ! Mais à qui les difoit-il ?
Au lieu de nous demander de l'argent à la porte, il auroit fallu
acheter des Spectateurs. Je crus

pour cette fois avoir évité la magie, lorsque subitement le Théâtre parut tout en feu, & à travers
l'incéndie, je vis ou je crus voir
le Soleil, la Lune, une Colonade . . .
Je ne sçus plus en ce moment si
j'étois dans une maison ou sur une
place publique, à une Comédie
ou à une Fête pour une victoire.
Je fus assez heureux dans mon
étourdissement pour regagner la
porte, & en fuyant, je maudissois
la magie qui me poursuivoit par
tout.

Le lendemain je crus me sauver
à l'Opéra. C'est un troisiéme Spectacle où les sentimens se chantent
& se dansent. On me l'avoit donné
pour le plus noble des trois. Je
m'attendois à voir sur la scène un
Roi bien-faisant, ou un Citoyen
assez grand pour rendre la liberté,

la vertu & l'abondance à sa patrie.
Point du tout, je vis descendre un
Génie, habitant de l'air, qui, selon
les regles de son empire, maltrai-
toit tout le bon sens d'ici bas, &
fit cent épreuves magiques pour
s'assurer d'une Bergere dont je le
croyois sûr avant qu'il se mît en
frais. A peine pus-je lui pardonner
la Magie en faveur de la Musique
qui m'arrêta jusqu'à la fin.

Je fis tréve au Théâtre : je m'en-
fonçai dans ma chambre, & j'em-
pruntai des Livres d'un Militaire
qui passoit pour homme d'esprit.
Voulez-vous, me dit-il, *des Livres
courans que tout le monde s'arrache?*
Sans doute, lui répondis - je, je
veux des meilleurs & des plus nouveaux, afin de connoître le goût
présent de la nation. Il m'en livra une douzaine. Quelle fut ma

ſurpriſe ? L'un enſeignoit l'art de faire des garçons : l'autre avec un *Bijou* arrachoit aux femmes le ſe-cret impénétrable. Un troiſiéme détailloit les malheurs d'un Prince dont la Maîtreſſe étoit en deux : il invoquoit tous les Génies pour réünir la tête au corps. Le quatriéme faiſoit l'hiſtoire d'un autre Prin-ce également amoureux , livré à deux Magiciennes dont l'une bien-faiſante étoit trainée par ſix co-lombes ; l'autre malfaiſante , par ſix Chats-Huans : je n'eus pas la pa-tience de voir ce qu'elles feroient de leur Eleve. Le cinquiéme dé-ploroit la triſte ſituation d'un jeune époux frappé d'un maléfice dont il ne pouvoit guérir qu'en faiſant avaler au Grand-Prêtre un inſtru-ment de cuiſine très - diſpropor-tionné avec la bouche humaine.

E v

Le sixiéme présentoit un esprit qui s'incorporoit dans tous les sophas de la ville ; (ce font des lits de jour, tu ne connois que ceux de nuit, & là en accompliffant fa pénitence, il enrégiftroit tous les affronts qu'on faifoit aux maris. Le septiéme . . . Mais je t'ennuyerois, de la Magie partout. Je rendis la Bibliothéque dès le lendemain. *Ah! je fçavois bien que vous les dévoreriez*, me dit mon Militaire. Point du tout, Monfieur, je n'ai fait que parcourir le tout... Mais n'auriez-vous rien fur la Morale, les Arts, le Commerce, la Marine, le Droit public, fur la nature du Contrat qui a donné un Souverain à la Nation ? *Nos Peres les lifoient*, me dit-il, & il me tourna le dos. Que te dirai-je enfin, on craint tant de laiffer affoiblir le goût de la Magie dans cet Empire, que le premier Livre dont on nourrit l'enfance ne montre que des rivieres de lait, des montagnes de fucre, des palais de diamant, des villes bâties en l'air, & cent chofes plus merveilleufes que des Sorcieres opérent avec une bâguette.

O mon cher Ben-Jofué ! que diras-tu en lifant cette Lettre ? Me croiras-tu bien en fureté au milieu de tant de Magie ? Je frémis à chaque pas, auffi je penfe à mon retour. Me préferve le Ciel de quelque enchantement qui m'arrête ! car dans ce pays-ci on ne fçait ce qu'on eft, pas même ce qu'on n'eft pas. Un dě leurs Magiciens vient d'annoncer que dans peu les hommes feroient changés en femmes, & les femmes en hommes.

Je me flatte pourtant qu'il y aura une exception pour nous qui sommes le Peuple choisi.

A Paris le 23 de la Lune de Casleu, l'an 88 de notre Transmigration.

PLAISIR

POUR

LE PEUPLE.

E. Peuple qui par ses travaux est le soutien de l'Etat, n'a-t-il pas droit aux délassemens? Aussi Athènes & Rome lui prodiguoient les Spectacles : Constantinople, Ispahan & Pekin lui payent le même tribut : Londres en fait autant ; Paris restera-t-il en ar-

rière ? On s'en apperçoit trop, le
feul divertiſſement, que la popu-
lace ſe donnoit à ſes frais, tire à
ſa fin : le Carnaval n'a plus de
maſcarades. N'eſt-il point à craindre que la triſteſſe ne gagne les
Halles ? Et ſi le Peuple n'atteint
pas aux honneurs, doit-il être pri-
vé des amuſemens ? On lui annonce l'incomparable Foki, Phi-
loſophe Chinois, qui lui conſacre
ſes merveilleux talens. Les Spectacles qu'il donnera, feront ſans
nombre, ſans exemple & ſans in-
térêt.

I.

Il débuteta par des combats d'ombres : mais qui auront autant de jeu
que des réalités. On verra deux armées en préſence, citoyennes du
même Etat ; l'une couverte de ve-
lours, l'autre de bure : celle-ci tou-

jours courbée vers la terre pour en tirer du pain, celle-là se reposant sur des magasins toujours remplis : mais sans rien perdre de son avidité, car elle disputera à l'autre le peu de pain qui ne sera pas entré dans les dépôts. Alors les lignes s'ébranleront : ardeur égale des deux côtés. Mais comme les bataillons faméliques n'auront pour armes que des hoïaux, des coignées & des faulx, la victoire se décidera pour l'autre parti qui fera tonner une artillerie complette. Et à l'instant les vainqueurs se jetteront sur ce pain de discorde, le mangeront, & par leurs signes feront encore entendre aux vaincus, que ne les pas manger eux-mêmes, c'est leur faire grace.

I I.

Il placera sur deux lignes op-
posées vingt-quatre Elephans dont
chacun portera sur sa trompe un
Fakir, c'est-à-dire, un Moine In-
dien. Au premier signal ces animaux secoueront, se jetteront &
se renvoyeront les Fakirs comme
autant de balons. Après une heure
de cet exercice, les balotés poussés
vers un même point, tomberont
dans une grande cuve qu'ils rem-
pliront de leur sueur. Il faut remarquer que suivant leurs légen-
des les Fakirs exhalent tous une
odeur suave après leur mort, &
Foki les rend par anticipation
odoriférans pendant leur vie. Ainsi
leur sueur sera un nouvel élixir aro-
matique qui se débitera *gratis*, &
décréditera l'ambre & les parfuns.

III.

A midi, afin qu'il foit jour pour tout Paris, il expofera aux Thuilleries une quantité prodigieufe de charmantes inutilités plus rares que les Singes, les Perroquets, les Chats d'Angora & les Magots de Saxe : chaque efpéce étant douée d'une vertu *magnetique*, c'eft-à-dire, attirant l'or comme l'aiman attire le fer. Sur le champ la fleur des deux Sexes arrachée de l'occupation de la toilette, par la force attractive de ces merveilleufes raretés, accourra au magafin, un rouleau de louis dans chaque main. A deux heures tout fera enlevé, & l'or reftera pour être diftribué au Peuple.

IV.

Un jour de grand vent il se rendra au Pont Royal, & avec des aîles artificielles il prendra son essor, traînant après lui vingt Cerfs-volans de 30 pieds de diametre, tous chargés de parchemins lucratifs, que le grand *Lama* Pontife de la Tartarie Mongolienne, a scélés de son grand sceau. Du plus grand Cerf-volant pendra un rouleau de chiffres, dont l'interpretation occupa long-tems les Théologiens Tartares. La principale proposition qu'on en tira fut celle-ci : *Sous peine de la colere céleste il faut se coucher sur le côté droit.* Ce point de doctrine alluma le flambeau de la discorde. Si le même malheur arrivoit ici, Foki se flatte de calmer les opposans, en secouant sur

eux les parchemins lucratifs, vrais
talifmans de tranquilité & de filence.

V.

Comme le Peuple eft exclu du
Théâtre par la raifon qu'il lui faut
du pain, Foki en fa faveur repré-
fentera à la Grève. Il donnera *Les
Rufes de Cartouche*, Comédie à la
mode où l'on pleurera ; & pour
petite Piéce, il fe fera apporter
trois mille mots très-tendres fur
des morceaux de papier roulés en
forme de billets de loterie. Il en
tirera deux mille au hazard, & ce
fera un Opéra dans le goût de
ceux d'aujourd'hui, qui fera chan-
té en Mufique Japonoife. S'il s'apperçoit que le Peuple bâille, il
n'exécutera que le premier Acte.

VI.

Il amene avec lui foixante Receveurs des tributs du grand Mogol, qui ont defiré de connoître l'Europe & qu'il engagera à fe prêter au plaifir public. Ces habiles Empiriques prétendent que l'or eft un efprit univerfel répandu par-tout. Ils en tireront de cent corps où nous n'en foupçonnons pas : des alimens, du fel, des étoffes les plus communes & généralement des mains de tout le monde. Ils prétendent encore, & ils le démontreront, que l'or bien appliqué peut changer les hommes à ne les pas reconnoître, par exemple un fot en homme d'efprit, une Bourgeoife en Ducheffe. Ce n'eft pas-tout, pour prouver jufqu'à quel point l'or eft ami de l'homme, ils puiseront de ce métail fondu dans un grand creuset, ils en avaleront à discretion & beniront le Dieu *Brama* de cette excellente nourriture.

VII.

Il tirera à la place de Vendôme un feu Chinois, c'est-à-dire, un feu figuré. On verra jaillir de la source du feu des bonnets de Docteur, mais fort petits pour les proportionner aux têtes qui les poursuivront : quantité de casques sur des girouëttes, des batons de commandement qui chercheront des mains, des couronnes qui s'entrechoqueront en petards sans perdre ou gagner un fleuron, des encensoirs pour la Cour où l'artifice brillera superieurement. Chaque instant amenera du nouveau,

des Livres à milier pouffés en ger-
bes, éblouiffans en étoiles, petil-
lans en fufées volantes ; mais il
faudra être prompt au coup d'œil,
car ils feront enfevelis auffi-tôt
dans une épaiffe nuit à l'approche
de trois ou quatre volumes du
dernier Regne qui jetteront un
grand feu & bien plus durable.

VIII.

Il donnera l'expérience des
Veffies malabares : ce font dix beautés de la Cour du *Samorin*, qui
les ont gonflées de leur fouffle :
ces Veffies ont la vertu de donner
une maladie prétieufe qui diftin-
gue les Sultanes en Orient. Il in-
vitera les Dames de Paris à pré-
fenter leur bouche au tuyau placé
à l'orifice ; & par le moyen d'une
clef mobile, on leur infpirera de

cet air de Cour un quart, un tiers, une moitié à volonté. C'est alors qu'on verra des changemens de couleurs, des baillemens, des attitudes violentes, des suffocations. On verra des vaporeuses incertaines entre le ris & les pleurs, & s'aquiter des deux tout à la fois. On avertit les Bourgeoises de respirer une doze plus forte, afin d'aider le peu de disposition qu'elles ont aux vapeurs ; on leur apendra même à les placer. Il sera libre aux jeunes Seigneurs, & à tous ceux qui visent au titre d'agréables, de participer à la distribution.

IX.

Il établira sur le Pont-neuf une balance dont le point fixe sera à la hauteur de cent pieds, la longueur des rayons de cinquante, & les baſſins feront en équilibre à dix toifes audeffus de l'eau. Il placera d'un côté la bourfe d'un plaideur opulent ; de l'autre le fac d'un plaideur indigent. Ce fecond poids fera emporté par le premier avec une rapidité furprenante. A l'inſtant même une fléche tirée par Foki abattra le point fixe de la balance ; & les deux poids tombant dans la Seine flotteront à la furface. Dans une Ville de la Chine traverfée par un grand fleuve où Foki fit cette expérience, dix Mandarins des Tribunaux n'héfiterent pas à fe jetter du pont dans le fleuve pour repêcher la Juſtice. En cas que les Mandarins François ne faſſent pas de même, il fe charge de la commiſſion.

X.

X.

Il fera l'essai de la poudre ré-
troactive jettée au vent. Quicon-
que en aura respiré (& personne
ne pourra s'en défendre, tant son
action est subtile) oubliera sa fortune présente pour ne se souvenir
que de son état passé, & agir en
conséquence. On verra dans cette
ivresse de mémoire un Traitant
grimper derrière son carosse malgré les remontrances de son Laquais ; un Monseigneur en mître
embrasser un Ouvrier du second
Ordre. Que ne verra-t-on pas ?
Personne ne s'oubliera ce jour là,
pas même les Nobles de la veille.

X I.

Il fera voir des Vampirs dont
il a vérifié l'Histoire en traversant

la Hongrie. Il en expofera deux douzaines, hommes & femmes ; d'abord fans vie tels qu'ils font, mais avec des couleurs fraîches femblables à celles du fommeil. On les gardera à vue : mais cette garde ne les empêchera pas de fucer invifiblement les vivans, bien entendu qu'un fexe fucera l'autre) & de reffufciter le quinziéme jour. Les Vampirs femelles reffufciteront fix heures plutôt : ce fera la langue qui donnera le premier figne de vie, & l'on connoîtra par les prémices de leurs gouts quelle efpece de vivans elles auront fucé. L'une comptera des facs d'argent, & riant jufqu'aux oreilles jettera fur fes Compagnes un regard de protection. L'autre une bourfe vuide à la main demandera des Coureurs, des Pages, des bijoux, des meubles au parfait, & voudra jouer cent mille écus fur fa parole. Une troifiéme en mangeant des épices renvoyera d'un ton fententieux les Spectateurs à la huitaine. Celle-ci rimant en Dieu, dira qu'elle ne connoît qu'un genre de mérite : ne pas craindre le feu. Celle-là d'une main montrera le Ciel, & de l'autre fouillera dans la poche d'un bon croyant. Pour les Vampirs mâles qui reprendront la vie il fera difficile de difcerner quelle efpéce de femmes ils auront fucé, parce qu'ils feront fi changeans dans leurs gouts, dans leurs idées, dans leurs propos, dans la façon de monter leurs vifages, qu'on croira qu'un feul aura fucé toutes les femmes, ou que tous n'en auront fucé qu'une.

XII.

Pour bannir les soupçons injurieux à la foi conjugale, ou pour les éclaircir, il exposera sur la Place des Victoires une glace de cinquante pieds de diamettre où les maris verront leurs femmes avec une aigrette blanche si elles ont été fidéles. Sinon l'aigrette sera jaune, ou plutôt les aigrettes, car elles égaleront le nombre des infidélités. Foki previent les maris que pour voir nettement, il faut qu'ils ayent été fidèles eux mêmes. Pour le Public désinterreffé il verra tout sans condition : Foki avertit encore que s'il est des maris qui craignent l'expérience folemnelle, il les satisfera dans le particulier en leur diftribuant des portions de la grande glace, avec deux sifflets :

mais avec cette autre clauſe que ſi jamais ils viennent à publier le ſecret de leurs moitiés, la glace à l'inſtant ſe briſera, & il ne leur reſtera que les ſifflets.

XIII.

Foki perſuadé que la France n'avoit point encore vû *d'Antropophages*, vouloit en preſenter dans l'exercice de leur barbarie ; des *Cannibales* diſtingués dans leur patrie qui auroient mangé de la chair humaine, proportionément à leur degré d'élevation, le Capitaine plus que le Lieutenant, & le Général beaucoup plus que le Capitaine ; mais depuis qu'il a entendu dire qu'icy comme là, les forts mangent les foibles, les grands mangent les petits, il s'eſt détaché de cette idée pour ne donner que du neuf, ſurtout à des François.

Ce n'eſt là qu'une foible ébau-
che, des talens de Foki. Au reſte
trop ſincére pour déguiſer ſon
amour propre, il déclare haute-
ment qu'il ambitionne l'affluence
des Spectateurs & leurs applaudiſ-
ſemens : mais il veut ne les devoir
qu'à ſon mérite. Il n'ira ni à ces
tribunaux de dèsœuvrement qui
ſe font mis en poſſeſſion de tiran-
niſer le goût, ni aux toilettes des
beautés célébres quêter des Prô-
neurs. En s'occupant pour le Peuple, il travaille pour la portion du
Public la plus véridique & qui dít
le plus bruſquement ce qu'elle
penſe.

LETTRE

A

UN GRAND.

ONSEIGNEUR,

Oubliez-vous que vous êtes né
Grand ? On vous a bercé de cette
importante vérité ; & vous la met-

F iiij

tiez à profit vis-à-vis de vos Précepteurs, encore bien plus vis-à-vis du monde, lorsque vous y fites votre entrée. Qu'êtes-vous devenu ? Il ne tient pas à vos procédés qu'un Bourgeois ne se croye pétri du même limon que vous. On dit que les années changent les hommes ; ce n'est pas sur l'article de la *Noblesse* : mais quand cela seroit, est-ce à vingt-cinq ans qu'on oublie la fleur de son existence? Malgré votre peu de mémoire, vous êtes toujours Grand : mais apprenez à l'être.

D'abord vous n'estimez pas assez votre Naissance. Voyez le cas que les autres en font : cet empressement qu'on a de prévenir votre réveil pour vous faire sa cour, ce silence jusqu'à ce que vous permettiez d'avoir une langue, cet encens toujours allumé, ces Gentilshommes qui briguent pour leurs enfans

l'honneur de vous servir à table, &
pour eux celui de gouverner vos
chevaux, ces vœux des Académies
pour se décorer de votre Nom, ce
titre même de *Monseigneur* qui marque une élévation à perte de vûe :
s'il vous plaisoit de prendre femme
(& ne devriez-vous pas à votre
âge en avoir déja répudié une ?)
Je sçais telle qu'on vous offriroit
avec une fortune prodigieuse ; le
Père a pesé votre alliance & se
croît trop heureux si vous daignés,
en acceptant ses trésors, faire le
malheur de sa Fille. Tout ressent
l'impression de votre Grandeur :
les Loix, si vous le vouliez, plie-
roient sous elle ; la Religion même
fait les ménagemens qu'elle vous
doit, votre Pasteur aimeroit mieux
vous gagner à Dieu que de sauver
cent Artisans.

Mais de quel œil voyez-vous

tous ces hommages ? On se re-
lâchera, je vous en avertis. La
Gazette vous néglige déja : vous
eûtes dernierement un accès de
fiévre, elle a oublié d'en instruire
le Royaume. Si nous voulons que
les autres sentent ce qui nous est
dû, il faut en être pénétré nous-
même. On ne vous entend jamais
dire *un Homme comme moi* ! jamais
vous ne nommez vos Ancêtres ;
ou si on vous met sur la voye à ne
pouvoir échapper, vous rappellez
uniquement celui qui étoit *né de
lui-même* (*). Je crains que vous
ne nous disiez quelque jour que
vous eussiez envié sa place : ne
sentez-vous pas que vous valez
mieux que lui, puisque vous êtes
de tant de siècles plus noble ? Il

(*) C'est un mot de Tibere sur Curtius-
Rufus, qui étoit le Chef & l'Auteur de sa
Noblesse. *Tacit. Annal. L. 11.*

commença votre Nobleffe, & vous le citez par préférence ! Voilà une reconnoiffance bien mal-adroite, c'eft convenir d'avoir commencé. On doit fe perdre dans une Maifon auffi grande que la vôtre ; & fi vous pouviez y faire entrer *Pharamond*, il faudroit vous réferver encore des antiquités plus reculées & plus ténébreufes.

Que vous êtes éloigné de cette émulation attachée à votre rang ! Vous fouffrez paifiblement que le premier Baron François ait porté un autre nom que le vôtre. Comment reçûtes-vous ce Généalogifte qui vouloit vous trouver un Ayeul dans la Cour de *Charlemagne* ? Il vous quitta fort mécontent, en vous laiffant à la troifiéme Race ; & ce Faifeur de Livres qui dans une Epître Dédicatoire prodiguoit les fuperlatifs fur la nobleffe de votre

Sang & fur votre goût pour les talens? Vous rayâtes l'article du *Sang*. N'eſt-ce pas rejetter le Diamant pour prendre le *Stras*?

Ce n'eſt pas tout d'avoir une belle origine, il faut ſçavoir l'afficher. On a fort bien fait de graver votre Nom ſur votre Hôtel: les dedans n'en diſent mot. Il y a trois ans qu'on y voit les mêmes meubles. Vos Porcelaines reſſemblent à mille autres. Vos Vernis ſont du ſecond ordre. Je connois des Commis qui ne troqueroient pas leurs Luſtres pour les vôtres. Vous n'avez que quatre Valets de chambre qui ne ſont pas mieux mis que des Gentilshommes de Province un peu étoffez. Vous devriez du moins leur apprendre qu'il n'eſt pas jour à huit heures: on vous annonce un homme venu à pied; il entre auſſitôt, vous faites

pis, vous lui parlez : il ne s'attendoit qu'à vous voir habiller. Et à
table, comment y êtes-vous ? On
en eſt au ſecond Service, & on ne
vous a pas encore loué ! Auſſi quels
ſont vos Convives ? Des Eſprits
géométriques qui appliquent la
régle & le compas aux louanges ;
au lieu de vous pourvoir de ces
complaiſans déliés, alertes, dont
les yeux perçans voyent tout ; ſai-
ſiſſent tout dans la Grandeur. Vous
décideriez à votre aiſe : c'eſt ce
que vous ne faites preſque jamais.
Avez-vous oublié le privilège de
votre ſphère, *de ſçavoir tout ſans
avoir rien appris.* Eh quoi ! en vous
mettant ainſi au niveau des autres,
ſavez-vous ce qui arrivera ? Vous
aurez propoſé votre ſentiment, on
oſera vous contredire. N'eſt-ce pas
vous manquer ?

Cependant on parle de vous

dans le Public ; beaucoup moins que de vos égaux dont le moins brillant vous éclipse. On ne vous cite ni pour la beauté des Equipages, ni pour la richesse des habits, ni pour ces magnifiques fantaisies qui caractérisent la haute naissance. Mais on plaisante sur je ne sais quelle prudence qui sent la roture...... Est-il bien vrai que vous avez les yeux ouverts sur vos revenus & sur votre dépense ? Comment voulez-vous que vos gens montent aux Sous-Fermes pour vous faire honneur ? Est-il bien vrai que vous vous arrangez, vous qui êtes né pour une belle profusion ? On ajoute que vous n'achetez plus sur votre nom ; que le Marchand ne vous vend qu'au prix courant comme à votre Suisse ; que ces gens de ressource à 20 pour 100. qui font tant d'affaires avec vos pareils, n'en font aucune avec vous. Eh ! mais, ... d'une grande maison vous en ferez une bonne , & on nous donnera la Comédie *du Seigneur Bourgeois.* Chaque état a un ton de Maison.

Mais les *airs* .... Quel est le François qui ne les connoît pas ? Les petits airs , les grands airs. Ce font les grands fans doute qui vous conviennent. Pourquoi ne leur convenez-vous pas ? Vous répondez aux Lettres, & votre écriture est lifible ! Vous vous guérites dernierement d'une indigeftion fans appeller les héros de la Faculté, fans allarmer la Ville ! Vous jouez, mais votre jeu n'eft pas ruineux ! Vous avez un très-grand Hôtel , mais vous n'avez point de *Petite Maison !* Faudra-t'il que ce Financier qui fut Ordonnateur des plats chez Monfeigneur votre Pere , vous prête la sienne ? Ignorez-vous ce que c'est qu'un Cocher fougueux qui vous meneroit ventre à terre ? Vous n'avez encore écrasé personne ! Au contraire on vous a vû suspendre votre course pour calmer une dispute à coups de poing. Seriez-vous venu à bout de vous persuader que le Peuple est composé d'*hommes* ? Pourquoi vous voit-on si peu où vous seriez si bien ! De dix plaisirs bruyans qu'on vous proposé, *Bals*, *Piéces nouvelles*, vous en refusez cinq, comme si ce n'étoit pas une obligation de votre rang d'avoir toujours l'air de s'amuser au sein même de l'ennui. Qu'à l'Opéra une Actrice se surpasse, vous vous en tenez à l'applaudissement : devez-vous croire que ces Sirènes ne chantent que pour chanter ? Ce Marquis votre ami, ami comme vous en avez entre vous, eſt fatigué de celle qu'il protége : mais il la garde par air, comme il fait la guerre par air. Ces airs ſont plus importans que vous ne penſez ; il en eſt un ſur-tout qui doit ſe lever & ſe coucher avec vous, c'eſt l'air de protection ; il va mieux à la Grandeur que la protection même.

Il faut le porter dans vos Terres : mais c'eſt où vous êtes encore moins Grand. Ces Forçats de l'humanité qui ont l'honneur de labourer vos Domaines, trouvent un accès facile à votre Château ; ils ſe familiariſent au point de vous nommer *notre bon Maître,* & quelquefois vous deſcendez dans certains détails juſqu'à marier leurs filles & erminer leurs procès. *Monſeigneur l'Intendant* leur paroît bien plus Grand, & ils ne vous croyent pas fils de feu Monſieur votre Pere.

Croyez-moi. Quand on se laisse tant approcher, on donne de l'insolence aux Petits ; & je m'apperçois que je tombe moi-même dans le cas : Si vous étiez toujours environné de la splendeur de votre origine, j'étoufferois toutes ces vérités. J'en ai d'autres dont mon cœur veut se soulager.

Vous avez pris le parti des armes. N'étiez-vous pas déja assez grand sans avoir de chemin à faire ? Votre début fut charmant : Vous voyez que je suis juste ; vos Mulets, vos Fourgons portoient les commodités & le luxe de Paris au milieu du Camp. Votre Table étoit la premiere en délicatesse, votre Jeu l'emportoit sur tout autre, & le soir vous vous délassiez à la Comédie. Les Villes de Flandre se souviendront long-tems des Bals que vous leur avez donnés. Bon tout cela ! à

merveille tout cela ! vous vous fou-
veniez alors de votre Naiffance.
Voilà de la Grandeur.

Que vous avez baiffé à votre
derniere Campagne ! Si c'eft votre
étoile de diminuer avec l'âge, bientôt vous ne ferez plus de fenfation.
Vous étiez fur le point de partir,
& à peine aviez-vous ordonné le
néceffaire ! Vos Gens vous crurent
diftrait : ils vous firent cent repré-
fentations pour votre gloire, toutes
fort inutiles ; & fi une honte bien
placée ne vous eût retenu, vous
auriez couru *à franc-étrier*. Cela
étoit bon du tems d'Henri IV.

Deviez-vous répèter pour votre
honneur cette Caffette que vous
perdîtes à l'entrée du Camp ? Eft-il
vrai qu'elle étoit remplie de Plans,
de Cartes Topographiques, d'Inftrumens de Géométrie, de Livres

Militaires? Il y eut des paris qu'elle appartenoit à quelque Subalterne. Qu'alliez-vous faire à tous les travaux de l'Armée, aux Lignes, aux Tranchées, aux Batteries, questionnant, crayonnant? Vous ambitionniez apparemment la premiere place vacante dans le *Génie* : c'eft ce que difoient de bons Juges; ceux qui figuroient le plus. Ignorez-vous donc que la Nature forme dans un Grand, un Général achevé, tandis qu'elle laiffe aux autres la peine de fe former eux-mêmes, comme ont fait *Vauban*, *Catinat* & *Valiére*. Allez-vous m'objecter *Turenne* ? C'étoit un Grand d'une efpéce finguliere & hors d'œuvre.

Enfin la Paix s'eft conclue. Je m'attendois à vous voir reprendre votre Grandeur dans la Capitale.

Point du tout, vous allez voyager. Eſt-ce une mode que vous voulez amener ? & pourquoi voyager ? Pour connoître, dites-vous, le fort & le foible des Nations, qui après la nôtre méritent quelque attention. Il m'eſt revenu qu'à la faveur de l'*incognito* vous ne fréquentiez que les Manufactures, les Chantiers, les Atteliers, les Arſenaux, les Cabinets curieux ; que certains Commerçans & Artiſtes vous faiſoient l'honneur d'aller dîner avec vous. C'eſt voyager en *véritable Allemand.* Un François qui voyage pour *apprendre*, fait tort à ſa Patrie ; il ne doit ſe montrer aux Etrangers que pour leur *enſeigner* notre politeſſe & nos modes. Mais qu'avez-vous appris ? Me pardonnerez-vous une ſurpriſe que j'ai faite dans votre porte-feuille ? J'y ai lû des projets de nouvelles Manufactures, des moyens d'étendre le Commerce, de rendre la Terre plus féconde, de proportionner le luxe & la circulation des espèces aux besoins d'un Etat. Que sçais-je ? Un système où les riches ne verroient plus de pauvres. Que vous importe tout cela ? Pourvû que vous représentiez, & que partout on vous ouvre les deux battans.

Ce voyage vous a jetté à cent lieues de vous-même. Vous vous êtes coeffé de la qualité de *Citoyen* ; ce titre est bien commun. *La Guerre*, dites-vous, *n'est qu'une fermentation passagere : le Roi la fait bien & ne l'aime pas, s'il lui plaisoit de perpétuer la Paix, je deviendrois inutile. Inutile ! ...* Effacez, si vous le pouvez, les Milords de la Finance, dépenfez plus qu'eux, employez tous les Ouvriers & les Marchands que vous payerez à loifir, foyez Très - Grand, & vous ferez très-utile.

Mais, ajoûtez-vous, *l'Amour de la Patrie n'exige - t - il pas quelque chofe de plus que de la repréfentation?* L'Amour de la Patrie & la Patrie elle-même . . . . . Voilà de vieux mots, de vieilles idées des Grecs & des Romains qu'il faut reléguer à *Bâle*, à *Amfterdam* ou à *Londres*.

Les Livres vous ont gâté auffi bien que les Voyages. Vous avez lû que les Grands de Rome & d'A-thènes fervoient autant la Républi-que par les talens & les vertus, que par les armes : la plume, la parole, l'adminiftration du tréfor public, la négotiation, tout leur alloit. Vous avez lû qu'ils étoient modérés dans leurs maisons & prodigues pour le bien commun ; qu'ils payoient les dettes des pauvres, qu'il dotoient les filles, qu'ils faisoient des largesses au Peuple pour soulager le poids du travail & de l'inégalité ; & qu'il leur arrivoit de finir par tester en sa faveur ; tout cela est bon dans *Herodote, Plutarque, Tite-Live,* Bouquins, abandonnés au Colléges. Lisez le *Nobiliaire du Pére Anselme,* voilà votre vrai Livre. Vous y trouverez les Armoiries, les Titres, les Dignités, les Illustrations, qui font la grandeur.

Envain la chercherez-vous ailleurs. Le dernier régne a vû des Philosophes qui ont appris à penser à la Nation, des Poëtes, des Orateurs qui ont élevé ses sentimens & corrigé ses vices ; des Historiens

Hiſtoriens qui lui ont préſenté les cauſes de ſon élévation ou les pronoſtics de ſa chute, un génie hardi qui a joint les deux Mers pour la mettre à portée de tout, des Magiſtrats qui ont aſſuré ſon répos intérieur en fixant la Juriſprudence. Tout cela a-t'il fait des Grands dans l'Etat? Ils n'avoient point d'Ayeux.

Tenez-vous en donc au mérite de la Naiſſance : c'eſt le centre où ſe réuniſſent tous les rayons de lumiere. Ou ſi enfin vous êtes ſi amoureux de vertus, tâtez - vous le pouls, elles circulent avec votre ſang ; elles ont paſſé de vos Ayeux à vous ; ce ſont les vôtres & vous ne ſçauriez les étouffer ni les perdre. Telle eſt *la force du naturel*, comme on nous la démontré en plein Théâtre. Vous n'avez qu'une ſeule choſe à faire, & le Public

G

une feule à dire : *il vit en grand Seigneur.* Si vous le faites j'ai l'honneur d'être *avec un très-profond refpect,* finon, *avec une amitié cordiale,*

MONSEIGNEUR,

Votre très-humble & très-obéiffant Serviteur...

DÉCOUVERTE

DE

L'ISLE

FRIVOLE.

'AMIRAL Anson vient de donner au Public l'Histoire intéressante de son voyage au tour du monde : mais pourquoi a-t-il voulu nous dérober la connoissance d'une Isle que la nature a formée pour nous comme

G ij

pour lui ? Eſt-ce à cauſe du ſingulier qu'elle offre par tout ? Un Anglois craindroit-il de dire le vrai,
lorſqu'il n'eſt pas vraiſemblable ?
Un François doit oſer d'avantage.
Peut-être a-t-il eu une autre raiſon, une raiſon d'Etat ; car dans
ſon Manuſcrit, je trouve cette
apoſtille : » J'ai fait jurer toute
» l'Eſcadre par la ſacrée liberté
» du Peuple Anglois de ſe taire,
» *upon the Frivolous Iſland*, c'eſt-
» à-dire, ſur l'Iſle Frivole «, &
moi je jure, par la ſoumiſſion françoiſe, de parler. On verra qui, de
l'Eſcadre ou de moi, gardera mieux
ſon ſerment.

Il importe peu au Public de
ſavoir comment le Manuſcrit eſt
tombé dans mes mains : Je trahi-
rois, en le diſant, celui qui a trahi l'Amiral. L'objet interreſſant eſt
une traduction fidéle, je m'y engage.

L'Amiral Anſon, après avoir doublé le Cap *Horn* avec tous les dangers de la mer la plus orageuſe, & du climat le plus terrible, après ſept ſemaines de nouvelles tempêtes qui l'avoient ſéparé de la moitié de ſon Eſcadre, endommagé dans ſes voiles, dans ſes mârs, & dans tous ſes agrêts, occupé ſans ceſſe à fermer des voyes d'eau qui s'ouvroient d'un jour à l'autre ; réduit à trois vaiſſeaux infeĉtés généralement du ſcorbut, ayant jetté plus de morts dans la mer, qu'il ne lui reſtoit de malades, & il lui en reſtoit encore trop pour les proviſions qu'il avoit. L'Amiral en cet état projettoit encore d'enlever à l'Eſpagne ſes meilleures Places en Amérique, ou du moins ſes Tréſors.

Jamais on n'eut plus beſoin d'un lieu de rafraîchiſſement. Il cherchoit l'Ifle de *Juan Fernandez* entre le 34, & 35, degré de latitude méridionale. Un vent impétueux qui fouffloit du Nord le repouffa vers le 45, dans cet efpace immenfe de l'Océan, où l'on ne foupçonoit aucune terre. Le pain étoit compté, l'eau étoit mefurée, encore deux jours, il falloit mourir de faim ou de foif. On alloit fans favoir où, l'orfqu'un Matelot cria *terre*. Toute terre eft bonne à qui va périr : celle qu'on découvroit étoit à 16 lieues fud-Oueft. Cet efpace fut bientôt parcouru, & le vent s'adouciffant près du terme, ils entrerent la fonde à la main dans une baye au Nord de l'Ifle, où ils jetterent l'ancre. On fe dépêcha de mettre à terre, on dreffa des tentes pour les malades. Un bois qui bordoit la baye en amphithéâtre, offroit certains Arbres chargés de fruits qui reſſembloient aſſez à nos Pêches, fruits tardifs, car c'étoit l'hyver de ce climat. On ſe jetta deſſus ; mais on s'apperçut bientôt qu'on ne ſe nourriſſoit pas. Ces fruits ſi beaux, ſi colorés ne renfermoient qu'une ſubſtance légere, ou plûtôt une image de ſubſtance qui laiſſoit le même beſoin : s'il y avoit à gagner, c'étoit de diminuer l'ardeur de la ſoif. Les Arbres participoient à la légéreté du fruit. Un Matelot en ſaiſit un pour gagner un talus élevé ; l'arbre cédant le Matelot roula, & s'accrochant à un autre arbre pendant ſa chute, ce dernier fut déraciné comme le premier. L'Amiral ne perdit point de tems pour chercher de l'eau douce, & des nourritures plus ſolides : il prend avec lui dix hommes parmi les moins malades, il marche à leur

G iiij

tête, & perce dans les terres. Les premiers habitans qui se présente- rent, furent des Tigres : ces fiers animaux, avant que d'être apper- çus, se jetterent sur la troupe ; mais leurs griffes & leurs dents n'étoient qu'un cartilage fléxible, plus fait pour orner, que pour blesser : ce ne fut qu'un jeu. Après quatre heu- res de marche à travers la Forêt, nos braves entrérent dans une plai- ne couvere d'arbrisseaux chargés de fleurs & de fruits. A cet aspect ils ne sçurent plus si c'étoit l'hy- ver ou l'été de l'Isle. Le doute ne fut pas long. Si les fruits qu'ils avoient trouvés au bord de la baye, nourrissoient peu, ceux-ci ne pou- voient pas même se manger, pu- res efflorescences chimiques. Le limon végétal s'étant épuisé pen- dans l'été en productions réelles, réelles à la façon du pays, ce li-

m** qui contient fans doute beaucoup de fels & de parties métal-
liques, produit en hyver *ces Arbres
de Diane & de Mars*, *ces grapes de
raifin*, & autres fruits que nous
formons dans nos Laboratoires
avec du mercure, du fel ammo-
niac, des métaux & de l'efprit de
nitre. Les oifeaux venoient bêque-
ter ces végétations trompeufes, &
fembloient fe fâcher contre la char-
latanerie de la nature : ils étoient
trompeurs eux-mêmes : la plûpart
avec le volume de nos Faifans,
n'avoient que le gozier aigu de nos
Serins ; & pour entendre les Serins
de l'Ifle, il faudroit des tympans
plus fenfibles que les tympans Eu-
ropéens.

En avançant dans la plaine ils
virent des chevaux attachés à des
arbres, des hommes qui jouoient
de divers inftrumens, & des fem-

mes qui un foufflet à la main faifoient voler la pouffiére. C'étoit
leur façon de labourer la terre,
terre auffi légere que la fleur de
farine : le vent du foufflet traçoit
les fillons, & les hommes femoient.
A la vûe des étrangers tout prit
la fuite, il ne refta que les chevaux : reffource utile s'ils avoient
pû porter leur cavalier, ils plié-
rent fous le faix. Il fallut fuivre
à pié les traces des timides Laboureurs. Leur habitation n'étoit pas
éloignée, l'allarme y avoit été répandue, ils fe préfenterent en grand
nombre, armés d'arcs & de faux
pour en défendre l'entrée. La prudence de l'Amiral ne s'endormit
pas. Il convenoit de fléchir l'ennemi plûtôt que de le vaincre :
il s'arrêta à la portée de l'arc, &
fit pofer les armes à fa troupe,
les bras étendus vers les combat-

tans. La nature eſt entendue par tout : les femmes qui étoient en ſeconde ligne ſe détacherent, & vinrent à nos Voyageurs en danſant. La faim danſe bien mal, il fallut pourtant ſe prêter à la belle humeur des Danſeuſes, qui les menerent à leurs maris ſans rompre la meſure.

On entra dans l'habitation ; on devina leurs beſoins par leurs ſignes, on leur ſervit du pain & des viandes : leurs hôtes furent très ſurpris de les voir manger ce qui auroit raſſaſié trente Inſulaires : mais ils l'étoient bien plus eux-mêmes de ſentir encore une faim dévorante. Le pain avoit la légereté de nos oublies, & la viande peu compacte étoit preſque ſans conſiſtance ; un mouton égal en volume aux nôtres, ne peſoit que dix livres. Ce qu'ils trouverent de plus réel, ce fut l'eau. L'idée du vin ne fe préfentoit pas à eux ; on leur en offrit pourtant ; c'étoit une liqueur mouffeufe, ou pour parler exactement de la mouffe toute pure, qui ne faifoit qu'une illufion agréable. Tant de Phénoménes embaraffoient l'Amiral : mais ce n'étoit pas là le moment d'exercer fa Phyfique. Il étoit queftion de reprendre des forces. On fuppléa à la qualité des alimens par la quantité, & on convint enfin qu'on avoit mangé.

L'Amiral n'attendit pas la fin de fa digeftion pour penfer à fes *fréres* (c'eft une expreffion que la bonne compagnie ne paffe qu'aux Prédicateurs, mais elle eft de lui) tandis qu'il cherchoit à fe faire entendre aux honnêtes Infulaires, il fut interrompu par deux hommes armés qui n'avoient pas l'air fi obligeant. C'étoit deux Exacteurs des Tributs, qui faisoient respecter le Souverain : ils entraînoient un habitant du lieu, chargé d'un fardeau ; une jeune femme suivoit toute en pleurs, on lui enlevoit son mari & son lit : les Exacteurs lui rendirent un colier de verre ; elle essuya ses larmes & chanta. Après cette courte distraction l'Amiral reprit les signes qu'il avoit commencés ; il s'avisa de ranger onze pierres sur la même ligne en se désignant lui & sa petite troupe ; après il en ajouta trois cent pour représenter tous les hommes de l'Escadre en montrant le côté de l'Isle où s'étoit fait le débarquement, il fut compris. Mais comment tirer d'une petite habitation de quoi les nourrir ? Un vieillard le prit par la main, & le conduisit à un point de vûe d'où il dé-

couvrit une Ville maritime qui lui
parut auſſi grande que Londres. Il
en prit le chemin ſur le champ,
la marche ne fut pas longue ; il
y avoit une nombreuſe garde à la
porte où ils furent arrêtés.

C'eſt une Loi dans la Capitale de
l'Iſle Frivole de n'y recevoir aucun
étranger que ſur la preuve de quelque talent utile, dont le Gouverneur lui-même fait l'examen. Il ſe
préſenta accompagné d'une troupe de Pantomimes, qui l'empê-
choient de s'ennuyer dans l'exercice de ſon miniſtére.

Qui êtes-vous ? Leur demanda-t-il
en les regardant en pitié. L'Amiral
fut bien ſurpris de s'entendre queſ-
tionner dans une Langue qu'il ſa-
voit, en Langue Françoiſe. » Nous
» ſommes Sujets, répondit-il, du
» plus grand Monarque de l'Euro-
» pe « ; *Il faut*, reprit le Gouver-

neur, que votre Europe ſoit bien pauvre; ce n'eſt pas la premiere fois qu'elle
nous envoye des hommes qui ne ſont
vêtus que juſqu'aux genoux, & mal
vêtus. Par la lumiere! ſi mes gens
étoient en auſſi mauvais ordre, on me
chaſſeroit de ma place : Mais que de-
mandez-vous ? » D'entrer dans vo-
» tre Port pour nous radouber, &
» nous rafraîchir « . Quels ſont vos
talens pour être admis dans la Ville
de l'Eſprit ? » J'ai à bord, dit l'A-
» miral, des Conſtructeurs qui ſa-
» vent doubler le Mouvement d'un
» Vaiſſeau par la coupe; on ſe mit
» à rire. Des Ouvriers en Mines à
» qui la terre ne ſauroit dérober
» ſes Tréſors : on rit encore plus.
» Des Chirurgiens qui pénétrent
» l'intérieur du Corps humain,
» comme vous voyez la ſurface » :
on éclata à ne plus s'entendre.

L'Amiral ſe recueillant un peu,

imagina que pour mettre les Rieurs
de fon côté, il falloit citer quelques
talens fupérieurs, & plus fcientifi-
ques. Il avoit fur l'Efcadre des Savans qui avoient quitté les délices
de Londres pour conftater la figure
de la terre, & fixer les longitudes.
» Nation fage & éclairée, reprit-il,
» j'ai auffi fur mes Vaiffeaux des
» Géographes qui connoiffent la
» Terre, comme vous connoiffez
» votre Ville ; des Phyficiens pour
» qui la Nature n'a point de fecret ;
» des Mathématiciens qui favent
» mefurer, pefer, nombrer toute
» la Création : & moi, qui vous
» parle, je puis, fans quitter cette
» place, vous dire par la Trigo-
» nométrie la hauteur de cette Tour
» que j'apperçois à deux mille pas «.
On étoit las de rire ; le mépris fuc-
céda ; le Gouverneur tourna le dos,
& la barrière fe refermoit. *Mylord,*

lui dit un curieux de la foule en mauvais Anglois, *laissez-là tous ces grands talens qui ne vous ouvriront jamais le plus petit guichet. J'ai été reçu dans cette Ville, & j'y ai fait ma fortune en chantant.* » Sublime » Gouverneur, s'écria l'Amiral, » Génie lumineux, comment ou- » bliois-je de vous dire que notre » Nation excelle en Danse, en » Musique & en Cuisine ! « Le Gouverneur revint sur ses pas, on battit des mains. Richard Walter, Chapelain du *Centurion*, tira une Flutte traversiere, instrument inconnu aux Frivolites ; il en joua, & nos Marins, sans excepter l'Amiral, danserent une Matelote qui fit tomber pour un mois toutes les danses de la Ville. Il y auroit eu cent portes, on les eut ouvertes. Cependant les Gardes de la Barrière retarderent l'entrée pour quelques minutes : ils fouillerent les étrangers pour savoir s'ils ne portoient rien qui fût sujet aux droits. Ils trouverent dans la poche de l'Amiral un Etui de Mathématique, qui ne reffembloit pas à ceux de l'Ifle, il fut confifqué en attendant les pourfuites ultérieures.

Enfin le Gouverneur fe mit en mouvement, & nos Anglois fuivirent. Ils ne s'attendoient pas, chemin faifant, à voir rouler des Equipages dans le goût de Paris & de Londres. La marche fe termina à un Palais immenfe : c'étoit celui de l'Empereur. Il y a douze cours à traverfer avant que de pénétrer à fes appartemens. Ces cours font environnées de bâtimens avec des boutiques. Là, outre les Officiers du Monarque, font logés dix illuftres de tous les Métiers, qu'on juge les plus néceffaires à l'Etat.

Les Brodeurs, les Verniſſeurs, les Bijoutiers, les Marchands d'Odeurs, les Fabriquans d'Etrennes, les Ouvriers en Luſtres, les Compoſiteurs de Deſſerts figurés, les Inventeurs & les Contrôleurs de Modes, les Peintres pour les Voitures de ville, les Maîtres à Danſer, & les Faiſeurs de Romans qui ſont obligés en commun, & ſolidairement d'en donner un chaque ſemaine.

On arriva enfin aux Appartemens de l'Empereur. Sa Toute-Elégance (c'eſt le titre qu'on lui donne) y délibéroit avec ſes Miniſtres ſur une propoſition qui tenoit toute la Ville en ſuſpens. Il s'agiſſoit de décider ſi on logeroit les Evantailliſtes à la Cour. On agitoit vivement la queſtion. Mais il parut encore plus important pour le moment de voir les Etrangers qui furent introduits. Il falut donner en préfence du Confeil de nouvelles preuves des talens dont le Gouverneur avoit fait le rapport. Richard Walter avec fa Flutte, tâcha de fe furpaffer, & les Danfeurs à l'envi. Mais le talent de la cuifine que l'Amiral avoit jetté en avant, n'étoit pas encore éprouvé. Il exécuta avec fon Cuifinier, qui heureufement étoit de la troupe, un *Pouding* quinteffencié : le Monarque & les Miniftres en mangérent ; & fur le champ l'ordre fut figné pour ouvrir le Port à la petite Flotte, qui effectivement y entra le lendemain. Il étoit tems pour ces malades affamés ; car il en étoit mort dix pendant la nuit autant de befoin que de maladie.

Il eft peu de Nations plus ferviables que les Frivolites de la Capitale, pourvû qu'ils foient bien payés. On porta auffitôt aux

Etrangers des rafraîchiſſemens de toute eſpéce; mais quand il fallut en compter la valeur, ils ne tinrent plus rien. Les Frivolites ne connoiſſent ni or ni argent. I's ont pour monnoye des piéces d'Agathe, des *Agathines*. A la vûe des Chellins & des Guinées d'Angleterre, ils rembalerent leurs proviſions. L'Amiral ſentit la néceſſité de procéder par échange. Des Vaiſſeaux Marchands auroient été moins embaraſſés. Il ſe ſouvint pourtant qu'il avoit à bord quelques piéces de dentelles & de rubans; il ſe fit dreſſer une eſpéce de Théâtre, & débuta par le ruban. Il apperçut une impreſſion vive de plaiſir dans les yeux de la multitude : mais pour ſavoir quel parti il en tireroit, il en coupa une aune. A l'inſtant un Boulanger s'avança, & jetta vingt livres de pain fur le Théâtre : le Boucher, le Pâtiffier, les Marchands de Vin & de Liqueurs eurent leur tour ; enforte qu'avec dix ou douze piéces de ruban, la Flotte fe trouva fuffifamment approvifionnée pour un jour. L'Amiral en établiffant la proportion, trouva qu'avec la totalité de fes rubans, il pourroit nourrir fon monde pendant un mois.

Sur le midi on lui annonça que l'Empereur viendroit le jour même vifiter l'Efcadre. Il n'avoit pas oublié les reproches du Gouverneur fur le mauvais ordre des habits ; il ordonna un air d'ajuftement, un air même recherché à l'équipage ; après quoi on fe mit fous les armes & fur deux lignes qui aboutiffoient au *Centurion*. L'Empereur chercha des yeux l'Amiral, & eut peine à le reconnoître : il l'avoit vû la veille dans ce négligé qui fied bien fur un Vaiffeau, & fi mal à la Cour. Il porta la main à fes cheveux, il en mania les boucles avec une attention finguliére : il trouva que celles qu'on formoit dans l'Ifle, n'en avoient ni les graces, ni l'enfemble. Le Capitaine du *Gloucefter* caufa bien une autre furprife ; l'Impératrice en tâtant fa frifure y mit trop d'avidité & de rudeffe ; c'étoit une perruque, elle la fépara de la tête, & crut avoir arraché la peau au malheureux *Mitchel*. Ces riens cauferent des événemens dont nous parlerons dans la fuite.

L'Empereur continua fa marche. Il trouva les Vaiffeaux monftrueux, & défagréables à la vûe. Pour piéce de comparaifon, il montroit fa Marine, qui faifoit face dans le Port ; des efpéces de Chaloupes

élégamment cournournées. Les pou-
pes étoient en marquetterie par-
femées de nacre ; les voiles de
pourpre & les cables de foye. Il
monta fur le Centurion. Les Frivolites n'avoient jamais vû, ni fu-
fils, ni canons, ni bombes, ni bou-
lets : ils regardoient tout cela fort
rapidement fans faire une queftion.
L'Amiral n'en fut pas fâché, il n'é-
toit pas affuré d'être long - tems
dans la faveur : & en cas d'événement, il étoit bien aife de con-
tenir les Infulaires, autant par la
furprife, que par la force de fon
artillerie. Cependant il voulut
donner quelque nourriture à la
curiofité. Il fit remarquer la coupe
& la manœuvre des Vaiffeaux : les
pompes & le cabeftan : le Monarque bâilla & toute la Cour à l'u-
niffon. Il finit par la bouffole. „
Le pays d'où nous venons eft éloigné,

gné, dit-il, de plus de 6000 lieues : c'eſt ce fer mouvant qui nous a conduit : „ il eſſaya d'expliquer les rapports de l'aiguille aimantée avec les poles Il parloit à d s ſourds : mais non à des aveugles. Les yeux de l'Impératrice venoient de tomber ſur une caiſſe de rubans que le hazard avoit laiſſée ouverte ; elle en ſaiſit une piéce avec avidité, & l'Amiral l'occaſion de faire ſa cour en livrant tout le magaſin. L'Empereur en diſtribua quelques rouleaux, & ſe réſerva le reſte en demandant ſi c'étoit tout. „ J'en avois davantage ce matin, répondit l'Amiral, je les ai échangé contre des vivres. C'eſt la ſeule monnoye que vos Marchands ayent voulu recevoir de nous. *Ils n'en jouiront guéres,* dit le Monarque, *pour vous ſoyez tranquille.* En effet il ordonna au Tréſorier de l'Etat

H

de lui compter dix mille Agathines ; fomme qui pouvoit fuffire
pour la nourriture d'un mois. Le
lendemain il émana du Trône une
Déclaration, qui enjoignoit aux
Vendeurs qui avoient été payés en
rubans de les rapporter au Bureau
des Modes ; & le Bureau eut ordre
d'analyfer le ruban pour en établir
une Manufacture.

L'Amiral tranquille fur les pro-
vifions de bouche, ne l'étoit pas
fur le radoub de fes Vaiffeaux ; il
lui falloit du bois. Celui qu'il avoit
apperçu dans l'Ifle étoit trop tendre & trop frêle pour cet ufage.
Il s'informa : on lui donna connoiffance d'une Forêt à la diftan-
ce de dix lieues, la feule où les
arbres, par la qualité particuliére
du fol, fuffent durs & réfiftans. Il
partoit pour la reconnoître, lorfqu'il lui vint un ordre d'aller fri-

fer la Cour. Il fut très-embarraffé pour obéir. Il crut trouver une ref-fource dans trois Valets de Chambre-Barbiers, qui avoient perfec-tioné leur goût à Paris : *Jacques Quick*, *Thomas Ball*, & *Georges Shaver* : l'Amiral les nomme, par-ce qu'ils vont jouer un affez beau rôle. Il fe fit accompagner du Co-lonel *Cracherode* qui commandoit les troupes de terre & des deux Capitaines *Mitchel* & *Saunders*. Af-fûrément ni eux ni lui ne comp-toient mettre la main à l'œuvre. Ils fe tromperent ; l'Empereur pré-fenta fa tête à l'Amiral. L'Impé-ratrice & deux Princes, l'efpoir du Trône, s'emparerent du Colo-nel & des deux Capitaines. L'A-miral s'excufa auffi bien qu'eux, en difant qu'ils poffédoient bien toute la théorie de cet Art, mais qu'ils manquoient de pratique. Du-

H ij

tant ce propos un Courtisan rioit
malignement ; & l'Amiral avoit
senti de l'antipathie pour lui avant
même qu'il eut ri. Les Valets de
Chambre furent ici les vrais Ac-
teurs. L'ouvrage alloit, & le Monarque s'avisa de demander à l'A-
miral de quelle Nation Européenne
il étoit ? *De la premiere*, répondit-
il : *Vous êtes donc François*, reprit
le Courtisan rieur. Cette conséquence ne fut pas du goût de l'A-
miral, qui en se déclinant *Anglois*,
voulut prouver sa proposition ; le
Courtisan sa conséquence. La dispute s'échauffoit & la friture finit
à la gloire des trois Artistes qu'on
logea dans la douxiéme Cour du
Palais. Ce furent les hommes du
jour. Pour leurs Maîtres ils ne
remporterent que beaucoup d'in-
différence, & peu d'estime. L'Amiral retourné à l'Escadre réfléchis-

Ioit affez triftement fur cette aventure. Le froid avec lequel il avoit
été congédié, ce Courtifan qui
avoit pris le parti de la France,
la Langue Françoife répandue à
la Cour.... y avoit-il des François
dans l'Ifle ? Mais comment y fe-
roient-ils venus fans qu'il en eût
jamais rien tranfpiré en Europe ?
Et s'il y en avoit, pouvoit-il fe
flater d'une bonne intelligence
avec eux ? L'incertitude eft cruelle. Il alla voir ce Courtifan, dont
il étoit mécontent : s'il exiftoit
des François dans l'Ifle, celui-là
devoit l'être.

Le Courtifan, après avoir un
peu joüi de fon embarras, déchira
le voile. „ J'étois à Paris, lui dit-il,
» en 1719. lorfque tout le mon-
» de changeoit fon or contre du
» papier. Je ne fuivis pas la mode,
» parce que je n'avois point d'or.

»Mais en m'intriguant pour procu-
» rer du papier à ceux qui en vou-
» loient, j'amaſſai de l'or. J'étois
» jeune au milieu d'une Ville de
» dépenſes & de plaiſirs : Je diſſipai
» auſſi promptement que j'avois
» acquis. Il ne me reſta que des
» paſſions, & je m'apperçus bientôt
» que n'ayant plus d'or, je n'avois
» plus de mérite. Il me vint en idée
» d'aller chercher du mérite au Pé-
» rou : je la communiquai à quel-
» ques amis, ils la goûterent pour
» eux-mêmes. La Colonie groſſit
» inſenſiblement, nous nous em-
» barquâmes à la Rochelle pour
» Porto-Bello au nombre de cent
» ſoixante. La navigation fut heu-
» reuſe juſqu'à la hauteur des Iſles
» Antilles : mais un vent contraire
» qui ſe ſoutint avec opiniâtreté
» nous porta ſur les côtes du Breſil.
» Il ne fut plus queſtion de Porto-

(175)

» Bello. Le Capitaine pour tirer
» parti du contre-tems forma le
» deſſein d'aller à Lima, où il eſ-
» péroit de ſe défaire de ſes mar-
» chandiſes avec avantage. Nous
» tournions l'Amérique. Nous paſ-
» ſâmes le Détroit de *le Maire* :
» & c'eſt au ſortir de ce Détroit
» que tous les vents nous atten-
» doient pour nous offrir la mort
» à chaque minute. Des tempêtes
» qui ne s'appaiſoient que pour
» reparoître plus furieuſes, nous
» pouſſerent & repouſſerent long-
» tems d'abîme en abîme.

» Le vingtiéme jour nous étions
» bien perſuadés qu'il n'y avoit
» point de terre dans le parallele
» que nous courions : & lorſqu'à
» travers tant d'horreurs nous a-
» bordâmes à ce monde inconnu,
» nous doutions de la vérité de
» notre eſtime. N'étoit-ce point

» le Pérou qui s'offroit à nous ?
» Quoi que ce fût, c'étoit une terre
» enfin. Elle nous présenta d'abord
» un rocher fort élevé : nous y
» montâmes pour découvrir le pays
» où le fort nous jettoit. A peine
» fûmes nous au sommet que le
» Vaisseau que nous voyions à nos
» piés chassa sur les ancres, & un
» coup de vent nous le fit perdre
» de vûe pour toujours avec le
» Capitaine & les Matelots. Sans
» doute ils ont trouvé la fin de leurs
» maux dans le sein de l'Océan.
» Nous errames d'abord de bourga-
» de en bourgade sans autre dessein
» que celui de vivre. Ensuite nos
» idées se tournerent du côté de la
» Capitale : les grandes Villes sont
» plus fécondes en ressources. Nous
» en étions à 200 lieues. Que de
» peines à souffrir pour y arriver !
» mais la consolation fut prompte

» Les Frivolites s'apperçurent
» combien nous leur étions nécef-
» faires. Ils étoient juſtement dans
» cette diſpoſition d'eſprit où un
» peuple cherche à ſortir de ſa
» barbarie. Ils n'avoient encore ni
» luſtres, ni ſophas, ni bijoux, &
» les viſages des femmes n'étoient
» pas encore vernis. Mais on com-
» mençoit à multiplier les lumie-
» res, à élargir les chaiſes, à tailler
» le verre à facettes ; & les fem-
» mes, lorſqu'elles vouloient re-
» préſenter prenoient d'un élixir
» qui, en foüettant le ſang animoit
» leurs couleurs. La fineſſe de la
» cuiſine, les ornemens de la table,
» les preſtiges de la parure, l'élé-
» gance des meubles, la variété
» des équipages, les broderies,
» tout cela s'ébauchoit. On igno-
» roit les modes : mais on conve-
» noit qu'il n'étoit plus poſſible à

H v

» une honnête femme de porter
» une robe toute une saison, &
» en général d'avoir toujours la
» même forme d'habit, comme
» on a le même nez.

„ Les mœurs tendoient aussi à
„ se dépoüiller de leur rudesse. Les
„ airs maniérés, les complimens,
„ le bon ton, les vapeurs, les
„ soupers divins, les dépenses de
„ fantaisie, les amitiés des lévres,
„ les amours d'un jour, toutes ces
„ fleurs d'urbanité étoient dans le
„ bouton, n'attendant qu'un coup
„ de soleil pour éclore. Les maris
„ ne sentoient pas encore le ridi-
„ cule d'aimer leurs femmes : mais
„ ils y trouvoient déja de la gêne.
„ Les femmes n'avoient pas encore
„ abandonné les soins domestiques,
„ pour ceux de la toilette : mais
„ une voix secrette leur disoit qu'el-
„ les étoient nées pour un rôle

„ agréable & brillant. A peine
„ comptoit-on quelques Seigneurs
„ qui euſſent le courage de dépen-
„ ſer au-delà de leurs revenus : mais
„ depuis quelques années on y étoit
„ juſte. Enfin les Frivolites n'a-
„ voient pas encore le goût ; ils
„ avoient seulement ⬛ goût pour
„ le goût.

„ Mais malgré cet heureux na-
„ turel, qu'il en coûte Milord,
„ pour former une Nation ! „ *Mi-*
lord à ce propos fronça le ſourcil. Il
voulut parler de Loix, de vertus, de
Sciences, d'Arts utiles pour remplir ce
grand objet. „ Vouliez-vous donc,
„ reprit le François, que nous mîſ-
„ ſions cette Capitale en bonnet
„ de nuit ! Tous ces Arts qui ré-
„ jouiſſent les yeux, qui embelliſ-
„ ſent les paſſions, ils les tiennent
„ de nous, nous avons poli leurs
„ vices & ils ont adopté notre Lan-

,, gue qui a donné du jeu à leur
,, efprit. Heureufement à notre dé-
,, part de France chacun s'étoit
,, muni d'une Bibliotheque depo -
,, che, (que faire fur un Vaiffeau !)
,, tous livres de goût. Des Romans
,, délicieux, des Comédies petil-
,, lantes d'efprit, des Tragédies
,, galantes , des Opéra d'amour
,, fondu. Vous ne fçauriez croire
,, avec quelle fagacité ils en ont
,. imité les graces. Nous comptons
,, aujourd'hui fix cens Poëtes, &
,, deux mille Romanciers. Vous en
,, jugerez vous-même : lifez cette
,, Comédie faite par un grand de
,, la Cour, & ce Roman dont un
,, Magiftrat eft le pere.

,, Au refte la Colonie a femé
,, pour elle-même. On nous a tous
,, diftingué dans l'Etat , moi fur
,, tout pour qui on a créé une Char-
,, ge de la Couronne. Vous parlez

, au grand Contrôleur des Modes.
,, Cette place a bien des fleurs :
,, mais elle a ses épines. Une mode
,, avec ces gens-ci vieillit en quin-
,, ze jours. Il faudroit être plus que
,, François pour toujours fournir.
,, Ah ! si le sort ne nous eut pas en-
,, levé notre Vaisseau.... il étoit
,, chargé de tout ce superflu de
,, France, qui est ici le nécessaire.
,, Que de modéles pour cette Vil-
,, le ! ce ruban qui vous fait tant
,, d'honneur, il y a long-tems qu'il
,, y figureroit. On ne sauroit tout
,, faire à la fois. Il faut des siécles
,, pour égaler Paris. On a sans dou-
,, te beaucoup perfectionné depuis
,, notre départ. J'ai apperçu com-
,, me tout le monde un nouveau
,, goût dans la frisure que vous avez
,, apportée.

,, Mais pesez bien, Milord , ce
,, que je vais vous dire. Ou c'est

,, votre deſſein de vous établ**... dans
,, cette terre ; ou ce ne l'eſt pas ?
,, Si ce ne l'eſt pas, que vous im-
,, porte d'y acquerir de la conſidé-
,, ration en y montrant des nou-
,, veautés ? Si ce l'eſt, gardez-vous
,, déformais d'en produire aucune
,, ſans mon agrément. Vous les te-
,, nez toutes de la France ; avouez-
,, le de bonne foi. Faites-lui en
,, hommage. Sans cela malheur à
,, vous, notre credit eſt grand.

Loin de me fixer ici , répondit l'A-
miral , *je vous offre de vous remener*
dans votre Patrie que vous regrettez
ſans doute. ,, Nous l'avons regret-
,, té, il eſt vrai, répliqua le grand
,, Contrôleur , nous craignîmes
,, long-tems de ne pouvoir ſubſiſ-
,, ter des alimens de l'Iſle ; & nos
,, frayeurs augmenterent beaucoup,
,, lorſqu'après quelques années nous
,, nous apperçûmes que notre chair,

„ fe raréfioit, fe fubtilifoit, que
„ notre fubftance fe diffipoit. En
„ prononçant ces mots, il fit une
„ gargouillade, & donna du pié
„ dàns un luftre. Croiriez-vous, a-
„ jouta-t-il, que je ne pefe plus que
„ cinquante livres ? Les enfans que
„ nous avons faits dans les premiers
„ tems de notre tranfmigration,
„ nous n'ofions les toucher. Ces
„ jolies machines avoient apporté
„ du fein de leurs meres des refforts
„ extrêmement délicats, trop déli-
„ cats pour fe joüer avec les forces
„ de l'Europe dont nous confer-
„ vions encore une partie. Mais
„ infenfiblement les proportions fe
„ font établies entre notre confti-
„ tution & la narure de l'Ifle : &
„ nous vivons heureux avec un
„ peuple qui a l'imagination cou-
„ leur de rofe.

L'Amiral avoit la fienne couleur

de bois, très enfoncée dans la forêt ; il y alla, & il en revint content. Cependant il falloit un ordre
du Souverain pour couper : il demanda uue audience qui lui fut re-
fufée ; il l'auroit peut-être obtenue
par le moyen du grand Contrôleur, mais la confiance n'étoit pas
établie entre eux. Il s'adreffa à
d'autres Favoris, dont aucun n'o-
fa porter fa demande aux piés
du Trône. Quand la faveur manque on doit recourir aux voyes
ordinaires. Il fe préfenta au premier Miniftre un Placet à la main.
Tous les Placets qui étoient foup-
çonnés de caufer le moindre dé-
plaifir au Monarque étoient fup-
primés. Le fien eut le même fort.
Il repaffoit les antichambres d'un
air foucieux. Il fut arrêté par un
Seigneur efpece de Philofophe
qui penfoit trop finguliérement

pour faire son chemin à la Cour ;
mais il y étoit souffert à cause de la
grandeur de sa naissance : il ques-
tiona l'Amiral sur la position, le
Gouvernement, la Marine, le
Commerce de l'Angleterre. L'A-
miral fut étonné du sérieux des
questions, les premiéres de l'espéce qu'on lui eût faites. Après lui
avoir répondu, il lui exposa le
sujet de son chagrin. *Vous ne voyez*
pas en plein jour, lui dit le Questio-
neur, *n'avez-vous pas donné à l'Em-*
pereur trois hommes importans, sur tout
Quick qui le coëffe. Vous cherchez bien
loin ce que vous avez dans vos mains :
& il le quitta.

Il faut que la fierté Angloise ait
d'abord été un peu blessée de la
voye subalterne qu'on lui sugge-
roit ; car il fait une réfléxion héroi-
co Philosophique, *qu'il n'y a rien*
de bas pour qui sert sa Patrie. Il alla

donc trouver *Quick*, ſon Valet de
Chambre, à qui par un reſte d'ha-
bitude il parla en maitre. Quick répondit en indépendant. L'Amiral
mit du moëleux dans ſon ton qu'il
orna d'une boëte d'or. Quick pro-
mit tout, & tint parole. Le troiſiéme jour il apporta l'ordre ſigné.
Mais il ſe trouve ſouvent des diffi-
cultés où l'on n'en voit plus. Dés
qu'on voulut mettre la coignée à
un arbre, l'Intendant des Forêts en
marquoit un autre qui ne convenoit pas. L'Amiral montroit ſon
ordre, & s'en tenoit à la lettre.
L'Intendant en expliquoit l'eſprit.
2000. Agathines les ramenerent
au même ſens; & tout fut diſpoſé
pour le radoub. Après quoi l'Amiral dans ſon loiſir ſe livra aux ſpé-
culations ſur l'Iſle Frivole.

Elle eſt ſituée par le 45. d. 8.
min. de latitude méridionale, &

par le 220. d. 17. min. de longi-
tude en comptant depuis le Méri-
dien de Ténérif : elle eſt fort élevée au-deſſus du niveau de la mer,
environnée ou peu s'en faut de
hautes montagnes qui la mettent
à l'abri des vents. L'air qu'on y
reſpire invite au plaiſir par ſa douceur, & donne beaucoup de jeu au
ſang par ſa ſubtilité. Elle a environ 600. lieuës de diametre. Il y
a trois grandes Nations à l'Oueſt,
qui n'en ſont ſéparées que par un
bras de mer. Le tout fait un monde
à part. L'Amiral ne parle que de
l'Iſle, & encore fort ſuperficielle-
ment : le tems a manqué à ſes dé-
couvertes.

J'appercevois, dit-il, des Phénoménes inconnus ailleurs : la terre
auſſi légere que la fleur de farine,
les arbres ſans ſolidité, les fruits
plus faits pour flater le goût, que

pour nourrir : d'autres travaillés
dans les creufets d'une nature Chi-
mifte, & qui ne flatent que les yeux:
le vin dépouillé d'efprits : la chair
ufuelle peu fubftantieufe, & en général tous les animaux n'ayant que
le volume fans avoir le poids pro-
portionnel ni la force. Par tout enfin l'image de la nature plutôt que
la nature. Tout cela l'embarraffoit
beaucoup, & tout cela devoit avoir
une caufe. Ces Amiraux Anglois
font finguliers. Je crois bien, comme nous l'affurons tous, qu'ils ne
nous valent pas à la tête d'une Flo-
te : mais ils ont la vanité d'être
Phyficiens, Géometres, Aftrono-
mes, & tout ce qu'on voudra. Ce-
lui-ci péfe l'air, analyfe la qualité
de la terre, il examine les fouffres,
les fels, les huiles, les fucs qui donnent l'être aux végétables dont il
cherche les rapports avec les ani-

maux qui s'en nourriffent. Il creufe à l'Angloife. Eh bien ! qu'il creufe tout feul, tandis que nous regarderons le tableau de la Capitale qu'il a croqué.

La Ville de l'Efprit eft auffi grande que Londres. On y compte un million d'habitans. Elle en contiendroit deux fi elle n'étoit pas coupée par quantité de jardins & de vaftes bâtimens où l'on ne multiplie point. On n'y travaille pas plus. Les familles qui les habitent font uniquement chargées de réciter des priéres pour ceux qui travaillent.

La Ville eft traverfée par un fleuve. On a bâti fur les Ponts où l'on aime mieux voir des Magafins de Luxe, que de promener les yeux fur la longueur de ce beau canal.

Il faut, dit l'Amiral, qu'avant le débarquement des François il y ait

eu un siécle où les Frivolites tente-
rent déja de sortir de leur barbarie :
mais vraisemblablement les Génies
qui voulurent les en tirer, n'étoient
pas au ton général de la Nation. Ils
planterent des avenuës, ils cons-
truisirent des portes triomphales,
ils commencerent des Quais, ils
bâtirent des Places, ils désignerent
des Fontaines publiques, ils éleve-
rent des édifices à la Verru & aux
Sciences. Ils ne firent pas tout, &
ce qu'ils n'ont pas fait, est encore
à faire.

Parmi plusieurs monumens d'Architecture qu'ils ont laissés, il en est
un qui étonne par la composition,
l'harmonie, la hardiesse & la grandeur de ses parties. C'est un Palais
que les Frivolites reverroient tous
les jours avec plaisir, s'il n'étoit que
joli : mais il est beau, ils l'ont mas-
qué : & quoiqu'il fut destiné a loger
leur Souverain, il n'est pas encore

couvert. Il reste aussi de ce siécle trop sérieux des Tableaux , des Statuës , des Poëmes , & des Piéces d'éloquence où la nature est trop bien renduë pour plaire long-tems. Les Peres séduits par la nouveauté admirerent peut-être tous ces chefs-d'œuvres : mais les enfans ont des bijoux de toute espece , des cabinets élégans , des équipages miraculeux.

Il est peu de Villes au monde où les Arts mécaniques soient si agréables : les Artistes ont bien profité des Leçons de la Colonie Françoise , trop profité , car ils outrent tout pour contenter la Nation : ils s'épuisent en précieuses bagatelles , en cent petits meubles , en mille jolis riens de peu de durée. Les Manufactures fournissent des étoffes volatiles , qui n'ont que quelques représentations. Un Ouvrier qui ne donneroît que du bon , n'auroit pas de pain.

Il eſt peu de Villes auſſi, il n'eſt eſt point où les beaux Arts ſoient ſi jolîs. La Peinture néglige la force & l'expreſſion pour ſe parer d'un brillant coloris : elle plait ſur tout lorſque ſous des traits mignons, elle s'enchâſſe dans de jolies boëtes. Les morceaux de force qui lui échaperent autrefois paſſent à une Nation voiſine qui n'a pas les yeux faits pour les graces. La Poëſie dans ſes fureurs tragiques ne s'aviſe pas d'exciter la terreur & la pitié, ni d'inſpirer ces vertus féroces qui ſauvent les Etats. C'eſt une Coquette qui amuſe par l'éclat de ſa parure, & la galanterie de ſes propos, qui ſe fâche pour le plaiſir de ſe fâcher, & qui pleure pour rire. L'Eloquence n'eſt pas un torrent qui entraîne ; c'eſt un ruiſſeau qui murmure ſous des fleurs ; & l'Hiſtoire s'habille en Roman.

L'Amiral

L'Amiral fait ici une réflexion.
Et quand n'en fait-il pas ? Ce n'é-
toit pas son dessein d'écrire pour
nous, mais pour sa Nation. Il pense
que les femmes Frivolites ont donné le ton aux Arts. On veut leur
plaire comme elles plaisent, par
des minauderies, des couleurs em-
pruntées, & des graces factices.

Les Sciences à leur tour ont
voulu s'ajuster : elles n'y ont pas
encore réüssi. Les talens les éclip-
sent toujours. Le Général Cracherode entendit une Oraison funé-
bre : c'étoit celle d'un Chantre à
cadences perlées. L'Orateur après
une artillerie d'antithéses, le mit
au-dessus du plus grand Philosophe
de l'Isle. Le lendemain le Capitaire
Saunders se trouva chez un homme
d'Etat, qui venoit de s'enrichir en
veillant au bien d'une Province. Il
y vit un Maître à Danser qui s'étoit

I

fait beaucoup prier pour commu-
niquer ſes graces à l'Héritier de la
famille. On lui offrit un certain
prix : *Me prenez-vous, dit l'homme
à talent, pour un Maître de Phiſique?*
Il diſparut ſans révérence. Vint ſur
la ſcéne un autre talent, un grand
garçon bien fait, le foüet à la main.
*Vous me convenez aſſez, lui dit le
Seigneur, après avoir examiné ſa
taille & ſa figure, voyez ſi 200 Agathines vous conviennent. 200 Agathines à moi, reprit le Cocher, pour
vous mener brillamment. & pour former vos chevaux, Gardez-les pour ce
triſte Savant qui endoctrine votre fils.*

Les Frivolites appellent *triſte*
tout ce qui eſt *ſérieux.* Ils n'oublient
rien pour l'égayer. Ils ſavent qu'il
faut lire : mais les Livres doivent
amuſer ſans inſtruire. Les Auteurs du tems montent leur eſprit
ſur ce ton. L'Amiral donna l'au-

mône à un Sot qui avoit fait un excellent Livre ſur les devoirs d'un Souverain Patriote.

Ils ont des Tribunaux de Juſtice en quantité : le grand Tribunal a ſon Sanctuaire en commun avec des Vendeuſes de Romans, & des Marchandes de Modes. On voit au rang des Juges une jeuneſſe fleurie qui n'a pas encore la libre diſpoſition de ſon patrimoine. On craindroit qu'elle ne le diſſipât en équipages & en ſoupers fins.

Ici l'Amiral nous ramene à ſes Vaiſſeaux. Un mois s'étoit écoulé, & il en falloit deux autres pour achever le travail, d'autant plus qu'il faiſoit conſtruire un Navire d'avitaillement pour remplacer la Pinque *Anne*. Mais comment ſubſiſter ? Et comment acheter les proviſions pour l'embarquement ? Les Agathines qu'il avoit tirées du Tré-

for, touchoient à leur fin, & il n'a-
voit plus de rubans. A la vérité il
lui reſtoit des dentelles : mais il ſe
ſouvenoit des menaces du grand
Contrôleur , dont il craignoit le
crédit à la Cour. Il apprit bien dans
cette conjonĉture à eſtimer des
talens ſur leſquels il n'avoit pas
compté en quittant l'Angleterre.
On lui avoit demandé pluſieurs
fois des Maîtres à Danſer, & des
Leçons de Flute. Ce n'eſt pas que
la Danſe & les Inſtrumens du pays
n'euſſent leur mérite. Mais tout ce
qui étoit nouveau, & ſur tout, ce
qui avoit pris à la Cour, étoit ſupé-
rieur. Il avoit réſiſté aux ſollicita-
tions, parce qu'il avoit beſoin de
tout ſon monde pour les travaux
de l'Eſcadre : mais il étoit encore
plus néceſſaire de vivre ſauf à pro-
longer le ſéjour.

Il choiſit donc cinquante ſujets

parmi ceux qui avoient quelque
teinture des deux talens ; & après
huit jours de répétitions il les livra
à l'utilité publique, & à la subsistance de la Flotte. Qu'on ne s'imagine pas que l'Amiral regardât faire
les bras croisés. Il eut pour éleve
en fait de Danse le fils d'un Général
d'Armée : Je voyois venir, dit-il,
dans la maison un Maître de Géométrie , & j'avois honte en donnant beaucoup moins de tems,
d'être payé au triple. Calcul fait le
produit des Leçons devoit suffire à
la nourriture de l'Escadre ; & il lui
vint une autre ressource pour acheter les provisions de l'embarquement.

L'Empereur s'impatienta un jour
sous l'opération de la frisure : un
Concert l'attendoit. Ce moment
d'humeur allarma la Cour. On se
rappella la perruque du Capitaine

Mitchel. Sa toute-Elégance en demanda une à l'illuſtre Quick. Quick profita de la conjonĉture pour remettre ſon ancien Maître en faveur. Il dit au Monarque que ce qu'il demandoit, étoit un effort du génie Européen : qu'à la vérité lui Quick étoit bon pour l'exécution ; mais que pour le plan il falloit le chercher dans la tête de l'Amiral. L'Amiral fut mandé après une inſtruĉtion ſecrette du généreux Quick. Cependant avant tout il crut devoir prévenir le grand Contrôleur des Modes, afin de ne pas s'expoſer à ſon reſſentiment. *L'Empereur me demande une Perruque*, lui dit-il : » une Perruque ! » répliqua vivement l'Officier de » la Couronne, ſçavez-vous que » parmi les nouveautés que je reſervois à cette Nation qui s'amuſe, & qui s'ennuye rapidement

(199)

» de tout, celle-là tient le premier
» rang ! par tous les Cieux ! il
» alloit éclater . . . . « *mettez vous à
ma place*, répondit doucement l'A-
miral, *il s'agit de notre subsistance.
Je n'ai plus ni rubans, ni Agatines.
Il est vrai qu'il me reste des dentelles,
mais vous m'avez interdit toutes ces
ressources* . . . . » Des dentelles ! re-
» prit le Contrôleur en se calmant;
» eh bien livrez moi-les, & je vous
» abandonne la gloire & le profit
» de la Perruque «. Il y avoit long-
tems qu'il avoit tenté de donner
des dentelles à la Nation : mais
n'ayant pas de modéle à montrer,
elles étoient encore à naître. Les
Ouvriers de l'Isle n'ont pas l'esprit
créateur : ils enjolivent seulement
ce qui est créé. L'Amiral accepta
la proposition, & la Perruque Im-
périale parut le huitiéme jour sur
la tête du Monarque qui fonda sur

I iiij

le champ une école d'éleves pour
satisfaire à l'empressement du Public, du Public du bon ton, qui
n'osoit plus se montrer en cheveux.
Il ne s'en tint pas là.

Nous avons dit que l'Isle Frivole
avoisine trois grands Etats. Il est
arrivé plus d'une fois qu'après de
longues guerres elle en a reçu des
conditions de paix fort dures. Mais
jamais rien n'a pu affoiblir un droit
qu'elle s'est acquis sur eux, celui
de regler la forme de leurs habits,
& tout leur ajustement. Le Monarque fit partir trois perruques,
c'est-à-dire, trois modéles à sui-
vre pour les trois Etats : & le tréfor se r'ouvrit pour l'Amiral, qui
pouffa ses recherches sur les mœurs
des Frivolites. Il n'est point de Nation qui ait des mœurs si élégantes.
Il est étonnant, ajoute-t-il, qu'en
si peu d'années ils ayent surpassé

les François. Ils auroient peut-
être dû s'en tenir aux Leçons de
leurs Maîtres : mais en fait d'élégance, leur imagination est trop
vive pour s'arrêter.

Entrez dans un cercle avec un
air brillanté, & un habit de goût,
on vous accueille avec toutes les
graces. La compagnie sentoit qu'il
lui manquoit quelque chose, c'é-
toit vous. Vous vous trouvez des
perfections dont vous ne vous doutiez point.

Les Frivolites, pour vous ac-
corder leur amitié, ne vous demandent pas des vertus, mais des
agrémens. On vous suppose toujours honnête homme ; mais prou-
vez bien que vous êtes joli homme. Avez-vous besoin de leurs ser-
vices ? Priez-les ils vous supplient
d'ordonner ; & vous avez toujours
la consolation de les voir furieux

de n'avoir rien fait. L'Amiral comptoit ſur un Protecteur qui l'avoit comblé de belles paroles, il y eut recours. *Voilà tout ce que je puis pour vous*, dit l'Important en tirant ſon flacon : ce flacon étoit plein d'une eau qui ſe diſtile & ſe bénit à la Cour. Tout le monde poli ſe pique d'en avoir, ſur tout les Grands, & ils en diſtribuent libéralement à qui en veut.

Les Grands ne ſe reſſemblent pas par tout. Un homme à qui bien des gens viennent ſouhaiter le bon jour, & qui ne le ſouhaite à perſonne, qui voit beaucoup d'étoffes & de bijoux dans ſa matinée, qui fait répéter aux glaces des magots de grand prix, qui a quantité de chiens & de chevaux, qui fait de grands repas dans un ſalon bien verni, & qu'on applaudit toujours, cet homme eſt appellé grand chez les Frivolites, & on lui doit de grands refpects, de la politeffe aux autres.

Elle eft l'ame des Frivolites la politeffe. Il vaudroit mieux avoir trahi fon ami, que d'eftropier un compliment. Un homme vraiment poli a un bonnet pour ne jamais fe couvrir, il deffine bien une ré-vérence, & n'appelle pas fa femme, *ma femme*. S'il ne faifoit pas tout cela, il auroit beau être liant, attentif, complaifant, il ne feroit pas poli. Pour l'être, il faut encore obferver fcrupuleufement tous les titres. Ils ne difent pas feulement en parlant de l'Empereur fa toute-Elégance a ouvert le Bal : c'eft également fa toute-Elégance qui *éternue*. Un infolent s'avifa de dire à un Miniftre *vous êtes un fot*. Tout le monde fut indigné de ce qu'il n'avoit pas dit, *votre éclatante Lumiére est une sote.*

Ils observent les décences avec autant de rigueur. Un homme en place qui vole en grand, est en grande considération : si avant sa fortune il eut pris quelques Aga-thines sur un chemin, on auroit puni l'indécence. Une beauté par-donne tout à un téméraire, hors les expressions peu délicates. Un mari ne prétend pas gêner le cœur de sa femme : mais il éclateroit si ses amusemens n'étoient pas dé-cens. A l'arrivée de l'Amiral on formoit un établissement où le sexe subalterne pourroit perdre sa vertu avec décence.

Chez les Frivolites comme en Europe on parle beaucoup *mérite.* Il faut des hazards singuliers pour en tirer parti : mais c'est un point bien décidé qu'il est plus avantageux d'être goûté. Ceux qui le font, ne favent à quoi ils le doivent, au tour de leur vifage, à leur maintien, ou à leur façon de rire. Parmi les fujets qui réuffiffent, l'un fe met bien, celui-là eft beau Joueur, l'autre conte joliment. On ne feroit point furpris de voir un Courtifan difgracié, parce qu'il auroit l'air gauche.

Il n'en eft pas de l'honneur comme du mérite. Il en faut abfolument, & ils en mettent par tout. Ils n'ont pas le plaifir, mais l'honneur de vous voir, de vous parler, de vous fervir, & de ramper fous les titres. Ils ont pour les Pupiles des Tuteurs d'honneur, dans les Tribunaux des Confeillers d'honneur ; dans les Hôpitaux des Economes d'honneur ; & toutes les femmes attachées à

la Cour font Dames d'honneur.
Les Profeffions élevées rougiroient
de faire payer leur travail au Public ; mais elles acceptent de grands
honoraires. La Nobleffe fur tout
excelle en honneur. Un Noble
Frivolite qui aura eu le malheur
d'être mauvais mari, mauvais pere, Citoyen inutile, fe reffouvient
toujours de l'honneur pour le re-
commander à fon fils : & le fils
comme le pere a grand foin de ne
tenir que fa parole d honneur, de
ne payer que fes dettes d'honneur, & de tuer quelquefois par
honneur. Les femmes ont leur
honneur à part. Elles ont de fi
grands principes pour le conferver,
qu'on les a encore rendu dépo-
fitaires de celui de leurs maris. Cependant les femmes du haut ftile
ont refufé le dépôt, parce qu'elles

font sujettes à des vapeurs qui leur donnent des diftractions.

L'honneur fait les Guerriers : c'eft la Capitale qui fournit les Officiers Généraux : on y prend un foin tout particulier de leur éducation. Un jeune Seigneur que l'on deftine au Commandement, doit avoir le meilleur Tailleur, le Parfumeur le plus exquis, l'E-quipage le plus brillant, la Livrée la plus lefte ; il doit jouer beaucoup, danfer fouvent, être à tous les Spectacles, & imaginer quelque chofe fur l'habillement de la pre-miere Troupe qu'on lui confie.

Cette élégance de mœurs fi répandue dans le beau monde, a paffé au peuple. Une Marchande mêle à fon commerce des manié-res, des propos, des graces qui féduifent les bourfes. L'Artifan s'eft poli avec fes ouvrages. Le

Domeſtique ſait qu'on le prend
bien moins pour le ſervice utile,
que pour le ſervice brillant, il s'y
ajuſte : & lorſque du derrière du
caroſſe il paſſera dedans, il ne ſera
pas déplacé. Il faut être bien fami-
lier avec les viſages pour ne pas ſe
méprendre entre la femme qui ſert,
& la maîtreſſe qui eſt ſervie. Les
Arts d'agrémens, la Danſe, la Mu-
ſique, la Parure ſont deſcendus à
tous les étages. Encore quelques
nuances, & il ne manquera au peuple pour être bonne compagnie,
que de pouvoir dire *mes Gens, mon
Hôtel, mes Terres, mes Ayeux.*

Les Frivolites ont porté cette
élégance de mœurs juſqu'au ſein
de la Religion. La bonne compagnie va quelquefois dans les Temples pour paſſer le tems. Elle s'y occupe à ſe ſaluer, à ſe regarder, à
décider les viſages & les étoffes

jufqu'au moment de l'inftruction.
Le Chapelain Richard Walter dit
qu'il y amufa fes yeux & fes oreilles.
L'Inftructeur débuta par un compliment au grand Prêtre de la Capitale, & des révérences à l'Affemblée. Après quoi il prononça un
difcours très-fleuri fur des vertus fi
déliées, qu'elles ne donnoient aucune prife. Ils adorent le Soleil; ils
voudroient bien l'aimer , mais la
façon les embarraffe. Lui doivent-
ils de l'amour *à caufe qu'il les
échauffe & les éclaire , ou parce
qu'il eft chaux & lumineux en lui-
même ?* C'eft une difpute de cent
ans. Ils ont profcrit la Poligamie,
parce qu'il n'y a qu'un Soleil &
qu'une Lune : mais un mari fait
bien qu'il doit tâcher de plaire à
plufieurs femmes, & les femmes
auroient un air bien fauvage fi elles
s'en fâchoient. Un dogme capital

de leur Religion, c'eſt de condam-
ner toutes les autres. Cependant
Richard Walter ſe laiſſa ſaiſir à l'eſprit de converſion : il entreprit celle d'une beauté de la Cour , qui
avoit quelquefois des caprices de
vertu , & qui par un air de Philoſo-
phie , mêlé aux graces, donnoit le
ton aux beaux cercles. Il y avoit
ſur tout deux obſtacles à vaincre :
il ſalloit la déſabuſer ſur la divinité
du Soleil , il y réuſſit : la détacher
de dix Amans à qui elle étoit fidelle,
il en vint à bout. Que vous allez
être heureuſe, s'écria-t'il ! arrachez
donc vîte ce *Zirphos* qui vous dé-
vouë à l'erreur. C'étoit l'image du
Soleil, qui fut autrefois un ſigne de
Religion ; mais que l'eſprit de la
Nation a tourné en ornement ga-
lant. *Que dis-tu ? malheureux !* reprit la Ca échitée. *Mon Zirphos !
l'eclat de ma parure ! tu m'arrache-*

rois plutôt mon exiſtence. Dès ce moment tout fut dit, rien ne ſe fit.

Au reſte leur converſation eſt auſſi élégante que leurs mœurs. Elle reſſemble à leurs Boutiques de Modes. C'eſt une broderie ſur de jolis riens, une garniture d'équivo-ques, une bigarrure de queſtions qui n'attendent pas les réponſes, un aſſortiment de plaiſanteries dont on rit toujours par proviſion, fauf à chercher après de quoi l'on a ri. Je ne pouvois m'empêcher moi-même, dit l'Amiral, de fou-rire à leurs gentilleſſes toujours vi-ves & légeres, parce qu'ils ne pro-menent leurs idées que ſur les ſur-faces.

Si les mœurs des Frivolites ſont ſi élégantes, la nature, ajoute-t'il, leur a donné des ſenſations à part. La beauté a des droits par tout : mais dans la Ville de l'Eſprit elle tourne toutes les têtes. C'eſt une Cométe qu'on obſerve, qu'on ſuit dans tous ſes mouvemens, qu'on intercepte dans ſa eourſe, on ne voit qu'elle, on ne parle que d'elle.

Il eſt de petits ſiéges à la Cour fort peu commodes, & très-goutés : on a vû manquer de grands mariages, parce que l'épouſe n'auroit pas le plaiſir de s'y aſſeoir.

Ils aiment l'apparence des richeſſes, plutôt que les richeſſes. Qu'après avoir ſondé leur bourſe, ils n'y trouvent pas de quoi prêter à un ami, ils s'en conſolent en lui montrant un meuble de goût.

Ils ne demandent pas ſi l'année fera abondante, ſi le commerce s'étend, s'il y a de grands Magiſtrats, de grands Miniſtres : ils courent à une nouvelle garniture de cheminée, ils ſoupirent après un ballet.

Ils mettent toute leur Ville en fête pour une Victoire qui les ruine; & ils ne donnent pas un figne de joye pour une bonne Loi qu'on propofe. Ils aiment paffionnément leur Souverain : ils l'admirent encore plus. Ils comptent fes Gardes, fes Officiers, fes Equipages, fes Châteaux, les Diamans de fa Couronne, & jamais fes bienfaits. Si on leur difoit qu'il eft une Cour plus fage dans fes vûës, plus profonde dans fa politique, ils écouteroient froidement ; mais fi on ajoutoit qu'il en eft une plus brillante, il faudroit fe couper la gorge avec eux. On ne les entend jamais dire qu'ils fervent l'Etat ; mais ils répétent fans ceffe que leur fortune, leur vie, tout leur être eft à l'Empereur. Un Citoyen qui diroit bien férieufement *qu'il eft beau de mourir pour la* **Patrie**, fe donneroit un ridicule.

Le ridicule les amuſe toujours ſupérieurement. Arriva l'Ambaſſadeur d'une Nation voiſine, l'une de celles qui avoient reçu les perruques. Il demandoit aux Frivolites de renoncer à une branche de leur commerce, ou de ſe réſoudre à la guerre. Ce fut un grand bonheur pour lui & pour la Nation qui l'envoyoit, d'avoir un nez trop long, & une perruque qui le coëffoit mal. On ſaiſit ces deux ridicules, on s'en entretint beaucoup, on en rit encore plus, & dans l'accès de cette belle humeur, on le renvoya content.

Quelquefois leurs ſenſations ſont ſi fortes. qu'elles troublent le repos public; l'Amiral en fut témoin. Un Miniſtre du Soleil fut accuſé d'avoir ſéduit une Vierge par la magie. On n'y croyoit plus, la moitié de l'Iſle y crut. Tout prit parti pour ou contre. On eût dit que le falut de l'Etat étoit attaché à la virginité de cette fille, & à la continence du Miniftre. Peu de tems après, une Actrice qui plaifoit difparut du Théâtre ; mille cris la redemanderent : les hommes juroient de quitter leurs Emplois ; & les femmes de ne pas revoir leurs maris, qu'on ne l'eût rendu. Cependant les révolutions y font peu à craindre. Une fantaifie d'agrément qu'on imagine à propos, une Chanfon nouvelle peut les appaifer.

Dès qu'on connoît les fenfations & les mœurs des Frivolites, on ne doit plus être furpris de certains ufages. C'en eft un de s'aimer beaucoup au commencement de chaque année. On fe cherche, on fe complimente, on fe fait des préfens. Ce feroit la Ville du monde

la plus commerçante, si la passion
des étrennes duroit toujours.

Une femme le jour de ses nôces
suspend sa dot à son coû & à ses
oreilles : & le mari meuble la maison supérieurement en vendant
une Terre.

On voit dans les antichambres
& derriere les carosses un choix de
la jeunesse de l'Isle, qui ruine magnifiquement ses maîtres. Les Provinces regrettent deux cens mille
artisans ou laboureurs : qu'en fe-
roient-elles si on les leur renvoyoit
avec les mœurs élégantes de la
Capitale.

Il y a une noblesse pauvre : c'est
un usage qu'elle le soit toujours : le
commerce pourroit l'enrichir, mais
il la dèshonoreroit.

L'ordre des Juges est fort nom-
breux. Un aspirant est examiné
bien sérieusement. La premiere
question

queſtion qu'on lui fait, c'eſt ſur le nombre des agathines qu'il poſſé-de : s'il répond bien à celle-là, il eſt ſûr de ſatisfaire à toutes les au-tres. C'eſt un uſage de ſe faire ju-ger dans pluſieurs Tribunaux ſur la même affaire. Il faut la commen-cer dans ſa jeuneſſe ſi on veut en voir la fin. *Je plaignis beaucoup ,* dit l'Amiral, *un malheureux qui venoit de gagner un procès.* Il s'agiſſoit d'un champ, mais le champ ne ſuffiſoit pas pour payer l'homme de loi qui avoit inſtruit l'affaire. Ses pieces d'écriture auroient couvert le champ : or il eſt décidé qu'un pié quarré d'écritures contentieuſes, vaut plus qu'un pié quarré de terre. Souvent la fortune d'un particulier dépend de la couleur du papier qui contient ſon titre : il ſeroit nul s'il n'étoit pas couché ſur un pa-pier couleur de lilas.

K

La Religion a plus de Miniſtres
qu'on ne voit de Marchands à la
Bourſe de Londres. La plûpart ſont
fort jeunes afin de ne pas effrayer
les profanes qui viennent demander des conſeils de ſageſſe. La leur
eſt renfermée dans un cercle bien
déterminé. Qu'ils ſoient fidéles à
la forme de leurs vêtemens & à la
meſure de leurs cheveux, qu'ils
chantent des hymnes au Soleil aux
heures marquées ; & ſur tout qu'ils
proteſtent toujours qu'une belle
femme n'eſt pas aimable , ils peuvent ſuivre leurs goûts dans tout le
reſte.

Il en eſt parmi eux qui ſont en-
vironnés de l'éclat des richeſſes : ils
n'en font pas de cas ; mais ils crain-
droient de tomber dans le mépris
de la nation , s'ils ne décoroient pas
leurs vertus. On compte plus de
deux mille Temples où l'on a pro-

digué les autels & les petits ornemens. On voit souvent l'autel du
Soleil abandonné, tandis que ceux
des planetes & des constellations
sont entourés d'adorateurs.

C'est dommage que l'Amiral
n'ait pas eu plus de tems à perdre.
dans l'Isle, nous aurions eu une
anatomie plus exacte de cette nation singuliere. Le travail de l'Escadre s'achevoit, les vaisseaux
étoient radoubés, le navire d'avitaillement fini, les provisions em-
barquées. On n'attendoit que le
vent pour mettre à la voile, & il
étoit tems. L'Amiral pendant sa
longue & terrible navigation, avoit
travaillé sans cesse à élever l'ame
de son Escadre : les mots *de patrie,*
de liberté, de grandeur angloise,
d'immortalité, à force de frapper
les oreilles, avoient passé dans les
cœurs. Il n'y avoit pas un soldat,

pas un matelot qui ne se regardât comme environné de la Chambre des Communes, & qui ne crût voir les yeux de l'Angleterre tournés sur lui.

Telle étoit la situation des ames lorsqu'ils entrerent dans l'Isle : mais leur commerce avec une nation si fleurie, & peut-être les alimens qui travailloient sur leur constitution les avoient bien changé. Ils n'étoient plus d'humeur à chercher des dangers ou des ennemis, à vivre dans la peine ou à mépriser la vie ; & ils commençoient à rire avec les Frivolites de toutes ces vertus mâles qui fondent, augmentent & perpétuent les Etats libres. L'Amiral ne s'en appercevoit que trop, & il pressoit l'embarquement. Il eut son audience de congé. L'Empereur ne consentit au départ qu'à une condition, qu'il laisseroit dans l'Isle quatre hommes au choix de sa toute - élégance. L'Amiral frémit mal - à - propos : mais on craint toujours pour ce qu'on veut le plus conserver. Il appréhendoit que le choix ne tombât sur les Capitaines ou les Pilotes : il fut bientôt rassuré. Les Elus furent les trois frizeurs qui poussoient vivement l'honneur de la perruque & les chignons de toute espéce. Le quatriéme fut un soldat mécanicien qui alloit à l'immortalité par une invention admirable : *un équipage d'été* où des soufflets intérieurs enfantoient des zéphirs toujours rafraichissans.

Cependant le vent favorable se faisoit encore attendre ; & en l'attendant l'Escadre desœuvrée, parcourut les environs de la Capitale. Quelques Matelots s'écarterent sur une chaîne de montagnes où les

terres étoient brûlées, sans arbres,
sans herbes, semées de pierres cris-
talisées & de marcassites où les vei-
nes d'or paroissoient. L'Amiral
averti s'y transporta avec ses Ex-
perts en mines. Il examina le commencement, la fin & la qualité des
Marcassites, il fit fouiller en plusieurs endroits, il prit la position
juste du terrein & revint à l'Escadre. La joye s'y étoit répandue,
toutes les imaginations étoient au
fonds de la mine, on y trouvoit des
trésors immenses, on estimoit déja
le tems pour les tirer : le séjour dans
cette Isle délicieuse en deviendroit
plus long ; sçavoit-on même si on
la quiteroit ? ou s'il falloit enfin
partir, on partiroit du moins chargé de richesses que les Insulaires ne
disputeroient point, n'en connois-
sant pas le prix. Ce n'étoit pas là
l'idée de l'Amiral, il imposa silence

fur la mine : & c'eſt dans ce moment qu'il fit jurer de ne pas révéler
l'Iſle Frivole, après avoir défendu
ſous peine de la vie de quitter le
bord.

Jamais les délices de l'Iſle ne ſe
peignirent à nos marins ſi vivement. La conſternation fut générale, elle n'avoit pas été ſi grande
dans les horreurs des tempêtes. Il y
eut même pour la premiere fois des
plaintes & des murmures. Mais
l'Amiral outre la force du commandement , avoit cette autorité
naturelle que donnent les grandes
vertus , & il ſe flattoit bien , dès
qu'il auroit remis en mer, de rendre à ſes ames affoiblies leur premiere vigueur. Le lendemain un
vent d'Oueſt ſouffla. Il mit à la
voile pour aller prendre *Payta* ville
du · Pérou où les Eſpagnols ſe
croyoient bien en ſûreté. On peut

lire dans l'Hiſtoire de ſon voyage le reſte de ſes expéditions qui ne ſont pas de mon ſujet.

Mais je demande permiſſion de réfléchir à la hâte. Un accès de citoyen me ſaiſit. Cela arrive aſſez naturellement en parlant de l'eſprit Anglois. L'Amiral Anſon découvre dans un beau climat une nation facile à ſoumettre & des mines d'or. Il exige un ferment de ſilence, il en fait un ſecret d'Etat. Ne projette-t'il point de faire un jour cette conquête ? Et pourquoi ne la tenterions-nous pas ? Laiſſerons-nous toujours aux Puiſſances Maritimes le ſoin de découvrir & de conquérir ? Ne ſommes-nous pas auſſi Maritimes qu'elles, puiſque nous touchons la Méditerranée d'une main, & l'Océan de l'autre ? Prévenons les Anglois : ou ſi la juſtice nous empêche d'envahir , ne pouvons-nous pas du moins établir un commerce légitime & très-avantageux avec l'Isle Frivole ? L'Amiral convient qu'elle ne met pas encore dans son luxe le goût qui regne à Londres : mais le goût de Londres vaut-il les enchantemens de Paris ? Quelle avidité n'auroient pas les Frivolites pour *nos peintures des Gobelins , nos vernis de Martin, nos bijoux émaillés , nos épées démasquinées , nos étoffes de Lyon ,* & tout ce monde d'ajustemens qui distingue nos hommes, & qui donne le prix à nos femmes ? Ne sommes - nous pas les vrais faiseurs & les fournisseurs de l'Europe ? Sçavons-nous même si nos Romans , nos Comédies & nos Opéra qui se multiplient avec tant de succès, n'y formeroient pas encore une

K v

branche de commerce ? Raſſurons pourtant les deux ſexes. Nous ne porterions à ces Américains que le ſuperflu de notre ſuperflu, & nous rapporterions leur or dont ils ſe paſſent fort bien.

LETTRE

A

UNE DAME

ANGLOISE.

ADAME,

Si vous êtiez née à Paris, l'éducation vous auroit sauvé bien des ridicules que vous avez apportés de Londres. N'en euffiez - vous qu'un, on riroit : & il eft humiliant de faire rire. Moi qui n'en ris pas, j'ofe vous en parler. Après cela me conferverez-vous votre amitié ? Vous feriez encore Angloife, & mon but eft de vous rendre Françoife. Ce n'eft pas affez de l'être par le nœud conjugal, il faut le devenir par principes. Connoiffez l'aimable Nation qui vous adopte. Elle vous paffera des vices, jamais des ridicules. Vous en montrez chez vous. Vous en portez dans les cercles. Vous en promenez dans le Public.

Vous en montrez chez vous : il y a fix mois que le Sacrement vous lie, & vous aimez encore votre Mari ! Votre Marchande de Modes a le même foible pour le fien : mais vous êtes *Marquife*.

Garderez - vous long - tems cet

air de réserve si déplacé dans le mariage, & qu'on ne pardonne qu'aux Aspirantes. Un Cavalier vous trouve belle, vous rougissez. Ouvrez les yeux. Ici les Dames ne rougissent qu'au pinceau.

Pourquoi cet oubli de vous-même lorsque votre mari est absent? Revient-il? Vous vous parez. Je vous croyois bien jeune & vous êtes bien vieille. Vous remontez au tems des Patriarches. Empruntez le Code de la Parure moderne, vous y lirez qu'on se pare pour un Amant, pour le Public, ou pour soi-même.

Si je voulois, Madame, je vous perdrois de réputation sur votre vie du matin. On vous trouve levée à huit heures ; si vous sortiez du Bal vous seriez dans la règle. Et que faites-vous? Vous êtes en conférence avec votre Cuisinier &

votre Maître-d'Hôtel. Apprenez que c'eſt au mari à compter, à payer, quoique ce ſoit toujours chez *Madame* qu'on ſoupe. Que faites-vous encore ? Vous écrivez à des amis auſſi froids que leur patrie, qui n'ont que des mœurs, de la liberté & du bon ſens. Que ſçais-je ! Vous liſez la Morale & l'Hiſtoire, tandis que les plumes Françoiſes enfantent chaque jour des volumes d'eſprit. Que de bonnes plaiſanteries, ſi on ſçavoit tout cela ?

Enfin il vous ſouvient que vous avez une Toilette à faire, mais que vous en connoiſſez peu l'importance, l'ordre & les devoirs ! Vous n'avez que 18 ans, & vous y êtes ſans hommes ! On y voit deux femmes que vous ne grondez jamais. La premiere garniture qu'on vous préſente eſt préciſément celle qui vous convient. La robe que vous avez demandée, vous la prenez effectivement. Vos femmes font étonnées d'employer plus de tems à s'ajuſter elles-mêmes, qu'à parer leur Maîtreſſe. Je vous avertis qu'elles ſoupçonnent votre condition. Mais qui croiroit que l'une des deux vous la tenez de la main de votre mari, après avoir renvoyé cette miraculeuſe qui fut formée à la Cour.

Le dîner ſonne, & vous voilà dans la Salle de compagnie lorſque la cloche parle encore. N'y avoit-il plus de rubans à placer pour vous faire attendre ? Mais quelle eſt notre ſurpriſe ? Votre Maître-d'Hôtel vient annoncer à *Monſieur* qu'il eſt ſervi, & je ſçais que c'eſt vous qui lui avez preſcrit ce mauvais ton. Ailleurs c'eſt toujours *Madame* qui eſt ſervie : on ſe met à table, (j'en ris encore, mais c'eſt d'un rire amer) vous béniſſez les mêts ! Nous nous crûmes chez le Curé de la Paroiſſe, qui peut-être nous auroit quitté des *Graces*, ce que vous ne fîtes pas.

Après la table vous voulûtes pouſſer la converſation. Songez que vous êtes à Paris. L'ennui appella bientôt le jeu : je vous vis bâiller, & c'étoit la *Comete !* un jeu de la Cour ! A propos, il m'eſt revenu qu'on la jouoit depuis quatre jours lorſque vous demandâtes ce que c'étoit. Une Bourgeoiſe du *Marais* fit la même queſtion le même jour.

La première partie en demandoit d'autres : on ne vit qu'au jeu. On étala pour interméde les Sacs à ouvrage. Qu'eſt-ce qui ſortit du vôtre ? Des Manchettes pour votre Mari ! Sera-ce donc en vain que

la France aura inventé les *Nœuds*
pour diſtinguer les mains de condition des mains roturières?

La belle occaſion que vous eûtes
en ce moment d'enrichir votre parure! Ces diamans qui ſe trouverent au fonds de votre ſac : mais de
quelle eau? Et bien ſupérieurs à
ceux que vous avez! C'étoit un
tour de votre Mari. Qu'il fut mal
placé! Vous admirez ſa magnificence, & plus ſenſible à ſon attention qu'aux pierreries, vous les lui
rendez, vous voulez qu'il en deſti-
ne le prix à payer un Marchand à
qui il faiſoit l'honneur de devoir,
c'eſt être bien peuple de s'inquié-
ter ſur ſes dettes, elles annonçent,
elles confirment la grandeur. Il y
a à parier qu'un débiteur de deux
millions eſt plus grand Seigneur
d'une moitié en ſus que celui qui
n'en doit qu'un.

En vérité, Madame, un ami ne peut plus mettre le pied chez vous. Il faut rougir pour vous dès le premier pas : on voit votre Cocher confondu avec des Palfreniers panſer vos chevaux. Votre anti-chambre fait pitié. Des Laquais qni s'occupent en attendant vos ordres, qui ſe croient à *Monſieur* comme à *Madame*, qui imaginent qu'ils ne ſont en maiſon que pour travailler, qui ont un air reſpec-tueux pour un honnête-homme qui arrive à pied, qui tirent une montre d'argent ſi on demande l'heure, des Laquais ſans figure & qui ſont de trois grands pouces au-deſſous de la taille requiſe. Ma-dame, des gens de cette trempe ne ſont bons qu'à la Charrue ou chez un Commis. Auſſi ſont-ils le jouet éternel des gens de *Monſieur*. Mais plût au Ciel vos ridicules fuſſent-ils bornés aux murs de votre Hôtel !

Vous en portez dans les cercles. Vous y entrez avec les couleurs de la nature ſur le viſage. Ainſi ſe préſente la femme du Suiſſe qui vous a ouvert la porte : repaſſez la mer ſi vous voulez paroître telle que vous êtes.

Il y a ſix Dames dans le cercle, vous n'en baiſez qu'une ! & pour-quoi ? Parce que vous n'êtes liée qu'avec une. Mais vous connoiſſez les autres, puiſque vous les voyez pour la ſeconde fois. Cela ne ſuffi-t-il pas pour être toute à elles, & mettre votre cœur ſur leurs lévres ?

Vous vous placez ſans avoir dit aux glaces que vous êtes à faire peur, que vous êtes faite comme une folle. Ce ſera pourtant le début de la premiere Ducheſſe qui entrera, tâchez de vous former ſur les grands modéles. Défaites-vous de cette maxime gothique, qu'on ne doit parler de foi, ni en bien ni en mal. Il y a un art à fe mettre fur le tapis.

Il y en a encore plus à converfer légérement. Que de jolies chofes, que de réflexions utiles n'entendez-vous pas fur les robes de la faifon, les rubans, les chignons, & la façon de fe mettre ? Comment ce flux d'éloquence ne donne-t-il pas du reffort à votre Langue ? Vous êtes muette ! vous ne favez pas même rire. Cet homme à la mode qui voltigeoit d'une beauté à l'autre, qui femoit la belle humeur par cent propos délicieux, qu'on applaudiffoit même avant qu'il eût parlé, put-il vous arracher un figne de joye ? Quelle létargie !

Vous ne vous éveillâtes qu'à la

nouvelle que débita ce vieux Militaire pour payer son entrée. Vous
la saisites , vous citâtes un trait
d'Histoire tout semblable. Vous
parlâtes politique & gouvernement. Savez-vous ce qui fut dit
lorsque vous eûtes levé le siége?
qu'il falloit vous faire Ministre ou
Historiograhe du Roi. Vous voulez penser dans un Païs où il n'est
question que de parler.

J'entendis hier une Duchesse de
Finance qui louoit beaucoup votre
simplicité. Vous aviez soupé chez
elle : on servit un plat de légumes
dans la primeur , qui ne coutoit
que cent francs. Vous crûtes qu'on
parloit du plat , non de légume.
Elle rioit encore en me demandant
par quel carosse de voiture vous
aviez débarqué , & si vous souhai-
tiez qu'elle vous envoyât son Or-
févre.

(238)
La bonne figure que vous fîtes
derniérement chez la petite Com-
tefſe ! on y propoſa une partie au
Bois de Boulogne. Vous demandâtes à votre mari s'il en ſeroit ? Il
ſçait ſon monde, il refuſa : c'étoit
une raiſon de plus pour aller, vous
rompîtes. Le ſingulier dans votre
procédé, c'eſt que vous comptiez
lui plaire. Et c'eſt-là votre but du
matin au ſoir : entre nous, Madame, n'êtes-vous point une *Pamela*
qu'un coup de fortune a élevée ? Il
eſt de régle qu'en certaines conditions un mari doit ſe repentir du
moins une fois le jour, d'avoir une
femme. Le vôtre ne ſe plaint que
d'être trop aimé. Ses amis craignent fort qu'enfin vous ne le gâ-
tiez. Il commence à trouver moins
belle cette Danſeuſe qui lui a donné la préférence ſur 20 rivaux dont
la bourſe étoit moins pleine. On

sçait, quoiqu'il n'en convienne pas, qu'il vous a menée en tête à tête à sa campagne. Sa derniere voiture ne lui coute que dix mille francs, & il est presque résolu à se détacher de son Coureur. Pour Dieu, Madame, ne lui donnez pas vos ridicules qni se multiplient sous ma plume, j'en oublierai.

N'est-ce pas assez d'en montrer chez vous ? N'est-ce pas trop d'en porter dans les cercles ? Faut-il encore les exposer au grand jour, en les promenant dans le Public ?

Vous allez aux Thuilleries les jours d'Opera, & au Palais Royal les autres jours. Vous faites pis. On vous y voit le matin. Mais quelles figures y voyez-vous ? Des femmes sans prétentions, des politiques à qui tout lieu est égal pour humilier nos ennemis, des Philosophes qui veulent respirer. Ne

sentez-vous pas que vous êtes dé-
placée ? On croiroit que vous ne
cherchez la promenade que pour
vous bien porter ! Mais lorsque
vous y paroissez aux jours marquez
& aux heures décentes, comment
êtes-vous mise ? Vous n'étalez que
pour cent mille francs de pierreries, & l'aune de vos dentelles est
à cinquante écus. Abjurez cette
maxime d'outre-mer , qu'en fait
d'habillement on doit être d'un
dégré au-dessous de son état. Je
vous l'ai déja dit. Vous voulez toujours penser, c'est un vice de ter-
roir. Si on bornoit le luxe, les maisons & les empires subsisteroient
trop long-tems. On s'ennuye à
voir toujours les mêmes choses.

Dans quel travers alliez-vous
donner l'autre jour ! les chevaux
étoient mis pour vous mener au
spectacle. Vous comptiez sur votre
mari,

mari, un mari François! Vouliez-vous donner la comedie à la Comedie même ? Il s'étoit dérobé pour sa petite maison, où vous avez enfin appris qu'il ne falloit pas le troubler. Quelle peine n'a-t-on pas eu à vous faire comprendre qu'une femme qui veut prendre l'air dans une petite maison, ne doit pas choisir celle de son mari ?

Vous devriez du moins ne pas apprêter à rire où l'on ne rit jamais. Que faisiez-vous Dimanche dernier dans votre Paroisse à dix heures du matin ? Déja habillée ! Et, qui le croira ? Sans *sac !* Est-ce ainsi ? est-ce à dix heures ? Est-ce dans sa Paroisse qu'une femme de condition entend la Messe ? Est-il bien vrai que vous assistez aux Vêpres ? Le Marquis de * * * vous en accuse, en disant que vous faites ridiculement votre salut. On pour-

L

roit vous paſſer quelques Sermons, maîs jamais ceux qui convertiſſent: une jolie femme eſt faite pour les jolis Sermons ; ils s'annoncent aſſez par l'affluence des équipages, & le prix des chaiſes. Il eſt ignoble de s'édifier pour deux ſols, Au premier Carême penſez à la dévotion de la derniere ſemaine. C'eſt dans une calèche peinte aux Gobelins, c'eſt ſur la route de *Lonchamps* que vous devez nourrir votre piété.

Il ne ſuffit pas, Madame, d'éviter les ridicules : il faut des graces. Celles que la nature vous a données, ne valent pas celles de l'art. Il y a des graces d'ajuſtement. Vos robes ſont de goût : mais les garnitures ne ſont pas de la *Duchapt.* Votre panier dans ſon diamétre eſt tronqué d'un pié, & il n'eſt pas de la bonne Faiſeuſe. Vos diamans ſont beaux, mais ils ne ſont pas montés par *l'Empereur.* Tout cela faute aux yeux. D'ailleurs il s'en faut deux pouces que vos girandoles ne defcendent affez bas : fi vous pouviez fufpendre un luftre à chaque oreille, vous feriez au parfait. On vous a vu à l'Opera coëffée en *Cométe*, lorfque depuis deux jours on étoit en *Rhinoceros.*

Il y a des graces qui par un heureux artifice s'incorporent avec la perfonne. Les unes fe voient, les autres fe fentent. Il eft établi que votre fexe doit prendre au nez, comme aux yeux. Il y a plus : les odeurs affûrent votre rang. Qu'on me mene dans un cercle les yeux fermés, fuis-je en bonne compagnie ? le nez me l'annonce. Aux odeurs, ajoutez le vernis. Oui, Madame, travaillez enfin fur votre teint. Vous avez crû que ce vernis étoit fait pour cacher des rides ou des difformités , défabufez-vous. Quand l'âge vous aura enlaidie, on vous permettra de vous montrer au naturel.

Il y a des graces de langage. Vous avez fait des progrès dans notre langue, & vous les fuivez en lifant *la Bruyere, Racine, Montef-quieu , & Fontenelle*. Ils vous apprendront bien à rendre vos idées avec ordre, clarté & juftefse : mais ils ne vous donneront pas ces expreffions brillantes qui diftinguent le grand monde. Par exemple, d'une chofe qui a une bonté commune , vous dites fimplement qu'elle eft bonne ; une importante diroit, *c'eft miraculeux ! c'eft divin !* Eftes-vous un peu fatiguée ? il faut être *excedée , anéantie.* Un coup de vent a-t-il dérangé une boucle de vos cheveux ? ne vous fâchez pas, foyez *furieufe ,* vous manquez jufques dans l'alphabet : au fortir du dernier Opera, vous dîtes *à la maifon*, tandis qu'à vos côtés la femme d'un Traitant crioit *à l'Hôtel*. N'attendez pas que je vous fafle un dictionnaire dans une Lettre. Etudiez les femmes qui ont les plus belles aigrettes, & les hommes à talons rouges.

Il y a des graces de caprice. Vous avez demandé vos chevaux pour les fix heures, & à fix heures on vous voit en carrofle. Le jeu que vous avez propofé vous le jouez effectivement. La perfonne que vous reçûtes fi bien hier, vous l'accueillez encore aujourd'hui. Vous êtes toujours vous-même. Cela eft du dernier uni.

Il y a des graces à fe plaindre du mal que l'on fent. Vous deviendrez mere. N'allez pas imiter en portant le fruit de votre mariage,

L iij

cette Comtesse singuliere que vous
louez tant, qui marche, qui agit,
qui est de tout. Il est vrai que cette
pitoyable conduite lui réussit, que
son dernier enfant est le sixiéme
qu'elle a mené à bien. Mais on rit
de la mere, & la Faculté la con-
damne. Voulez-vous bien être?
Soyez sur la chaise longue dès le
premier soupçon jusqu'au terme,
& toujours en vous plaignant.

Il y a même des graces à se
plaindre du mal qu'on ne sent pas.
Vous passez vos jours sans migrai-
ne. On peut vous le pardonner.
Mais sans *vapeurs!* C'est abuser, en
femme de la Hale, de la permission
de se bien porter.

Il y a des graces à s'effrayer:
mais ce n'est pas de la façon dont
vous vous y prîtes l'autre jour. On
vient vous parler à l'oreille; l'in-
quiétude est dans vos yeux, vous

quittez brufquement le cercle. On crut que votre chien s'étoit caffé la jambe. On vous plaignoit, on s'effrayoit pour vous. Point du tout, c'étoit votre Cocher qui étoit moulu d'une chûte. Ne fçavez-vous pas jetter un cri au moindre cahos qui menace votre voiture ? Devez-vous être auffi tranquille qu'une de vos femmes ? Ce taureau qui venoit à vous dans votre campagne, vous paffâtes à côté de lui avec l'affurance d'une Concierge. Il ne faut pas même attendre les grandes occafions pour s'effrayer. Choififfez quelque bête d'averfion qui puiffe vous fervir en tout tems & en tout lieu, *une fouris*, *une araignée, une mouche* : fi on ne les voit pas, on peut les foupçonner. L'aventure du bateau que le hafard nous offrit fur ce beau canal, montra encore votre mauvaife éducation. De toutes les Dames, pas une qui ne diſputât l'embarquement, qui ne criât en cédant; & vous! vous les encouragiez. La Bateliere demanda ſi vous n'étiez pas quel-que bonne Bourgeoiſe des envi-rons? Le tonnerre qui gronda l'a-près midi, acheva de vous peindre. La Préſidente chercha un azile entre quatre rideaux, la Marquiſe avec ſes cris faiſoit paroli aux éclairs, le Chevalier rapprenoit à faire des ſignes de Croix; il n'y eut que vous & votre Jardiniére que le ſang-froid n'abandonna pas.

Enfin, Madame (car je me laſſe de vous détailler), vous trouvez le ſecret d'être ſans graces au mi-lieu d'une Ville qui eſt faite pour en donner. Et avec du bon ſens, des ſentimens & des principes vous êtes chargée de ridicules.

Je prévois vos objections. La

meilleure ici , eſt de n'en point faire. Ne convenez-vous pas d'un principe, que la France eſt le modéle des autres Pays! Si vous en doutiez , la Nation en corps vous le diroit ; & ſans être aſſemblée, ne vous le dit-elle pas tous les jours ? Qui peut mieux nous connoître que nous-mêmes ? Mais n'avons-nous pas auſſi le ſuffrage des Etrangers que nous enrichiſſons de nos modes , de nos révérences & de notre cuiſine, qui ont fêté nos *Pantins* , qui adoptent nos équipages, nos pompons & nos perruques ? Et ne voyez-vous pas qu'ils viennent en foule ſe former chez nous ? Allons-nous chez eux ? Partez de ce principe, & corrigez-vous.

FIN.